MY WAY SPEECH
급소를 찌르는
내 방식
스피치

급소를 찌르는
내 방식 스피치

지은이 | 조관일

1판 1쇄 인쇄 | 2017년 5월 31일
1판 1쇄 발행 | 2017년 6월 9일

펴낸곳 | (주)지식노마드
펴낸이 | 김중현
디자인 | 제이알컴
등록번호 |제313-2007-000148호
등록일자 | 2007. 7. 10

(04032) 서울특별시 마포구 양화로 133, 1201호(서교동, 서교타워)
전화 | 02) 323-1410
팩스 | 02) 6499-1411
홈페이지 | knomad.co.kr
이메일 | knomad@knomad.co.kr

값 13,000원

ISBN 979-11-87481-22-5 13320

MY WAY SPEECH

급소를 찌르는

내 방식
스피치

조관일 지음

nomad
지식노마드

말재주 없는 사람은 어쩌란 말인가!
방법을 바꾸면 길이 보인다

'말을 잘하고 싶다.'

많은 직장인들의 간절한 소망입니다. 말에는 여러 형태가 있는데, 대화능력이 부족해서 콤플렉스를 느끼는 경우는 적습니다. 그러기에 여기서 '말'이란 '대화'가 아닌 '스피치'를 뜻합니다.

어떻게 하면 스피치를 잘할 수 있을까요?

그것을 다룬 책은 많습니다. 매우 많습니다. 저도 그에 관한 책을 여러 권 냈을 정도니까요. 그런데 그런 책들에게는 공통점이 있습니다. 첫째는, 말을 잘 못하는 사람들을 위한 것이라고 하지만 결국은 어느 정도의 말재주가 있는 사람만이 할 수 있는 요령과 기법을 다루고 있다는 사실입니다. 둘째는, 사람마다 말버릇이 다르고 말하는 스타일이 다른데, 그것을 고려하지 않고 똑같은 요령과 기법을 강요했다는 점입니다. 돌아보니 제 책도 마찬가지였습니다.

많은 책들이 다루고 있는 스피치의 요령 한두 가지를 골라서 살펴보겠습니다. 예컨대, "좋은 스피치를 하려면 유머를 활용하라"고 하는데 누가 그걸 모르나요? 문제는 말재주 없는 사람, 특히 유머스타일이 아닌 사람은 유머가 되지 않는다는 것입니다. 배꼽을 잡을 만큼 웃기는 내용도 그런 사람이 말하면 썰렁해지는데 이걸 어쩝니까.

예를 하나 더 늘겠습니다. 청중의 주의를 끌려면 "물 흐르듯이 말하며 흥미진진하게 스토리텔링을 하라"고 강조합니다. 이쯤 되면 머리에서 쥐가 납니다. 무슨 말인지는 알겠는데 어떻게 해야 흥미진진하게 말할 수 있을지 모릅니다. 말하는 스타일이 원래 더듬거리는 사람은 물 흐르듯이 말하는 것 자체가 불가능합니다. 지금까지 책에서 다룬 수많은 스피치의 요령들이 바로 그런 식이었다는 말입니다.

이 책의 집필은 그런 것들의 반성에서 비롯됐습니다. 스피치에 대한 수많은 책들이 있음에도 말재주 없는 사람은 아직도 전전긍긍하고 있는 게 현실입니다. 그런 사람들을 위한 해결책을 제공하고 싶었습니다.

지금까지 헛고생했다

지금까지 스피치를 잘하기 위해 어떤 노력을 했습니까? 스피치 학원을 다녔거나 전문적인 강습을 받았다면 당신의 노력은 대단한 것입니다. 그러나 그런 사람이 과연 몇이나 될까요? 거의 대부분의 사람들은 말을 잘해보고 싶은 욕구가 있으면서도 막상 시간과 돈을 들이며 그런 시도를 하지는 않습니다. 그럴 여유가 없습니다. 그러기에 대개 책을 읽어서 스피치 능력을 키워보려고 합니다. 아마 당신의 서가에도 스피치와 화술에 대한 책이 몇 권은 있을 겁니다. 그렇다면 묻습니다.

책을 읽어서 당신이 스피치를 하는 데 도움이 되던가요?

정말로 스피치 능력이 개발됐습니까?

막상 스피치를 하러 단상에 오를 때 책의 내용 중에 머리에 떠오르는 것이 있던가요?

실제로 적용한 요령이 있습니까?

그래서 정말 스피치가 잘됐습니까?

아마도 이런 질문에 대하여 "No!"라고 대답할 확률이 높습니다. 그렇다면 지금까지 괜한 헛고생을 했다는 이야기가 됩니다. 효과 없이 '독서'만 했다는 의미가 됩니다.

왜 그럴까요? 책을 여러 권 읽었는데도 스피치 능력이 확실히 향상되지 않는 이유는 무엇일까요? 책을 보았음에도 실제로 스피치를 할 때 도움을 받지 못하는 이유는 무엇일까요? 저는 세 가지 정도로 그 요인을 파악합니다.

첫째는, 스피치를 가르치는 책들이 너무 많은 내용을 가르치고 있다는 것입니다.

이건 확실히 역설적입니다. 책의 내용은 풍성한 것이 좋을 터인데 그게 오히려 문제가 되니 말입니다. 시시콜콜, 좋은 스피치를 하기 위해 필요한 사항을 모두 집대성해놓으니 책으로써는 충실하고 멋지지만 읽고 나면 끝입니다. 그것을 어떻게 모두 기억하고 실천합니까? 결국 무용지물이 되고 말았습니다. 돌아보니 저의 책도 마찬가지였습니다.

둘째는, '말재주 방식'을 강요했다는 것입니다.

스피치에 대한 책을 쓴 저자가 어떤 사람들입니까? 말재주가 뛰어난 사람들입니다. 저자도 그럴 뿐 아니라, 책의 내용 역시 명강의, 명스피치를 하는 사람들의 기법을 분석하여 제시합니다. 그러다 보니 결국 저자 자신도 모르는 사이에 말 잘하는 사람들의 스타일에 기초한 스피치 방식을 제시하게 됩니다. 그것을 말재주 없는 사람이 활용하여 효과를 본다는 것은 사실 매우 어렵습니다. 사정이 이러니 책을 읽을 때는 그럴듯한데 막상 적용하려면 잘되지 않습니다.

셋째는, 두 번째의 이유로 인하여 스피치에 대한 책들이 결국은 말솜씨를 고치는 데 중점을 뒀다는 것입니다. 각자의 스타일에 맞는 방법을 찾게 하지 않고 말재주 뛰어난 사람들의 말솜씨를 따라하도록 말입니다.

결론부터 말하면, 말솜씨를 고치는 것은 거의 불가능합니다. 사람마다 타고난 말재주, 특유의 스타일이 있습니다. 그것을 '이제 와서' 고치는 것은 불가능합니다. 만약 당신이 40대의 나이라면 말솜씨는 40년에 걸쳐 완전히 버릇이 되고 고착화된 것입니다. 성장과정에서 특별히 말솜씨를 갈고 다듬지 않았다면 타고난 그대로입니다. 고치려고 했으면 어린 나이, 젊은 날에 시도했어야 합니다. 그 사실을 잊고 이제와서 책으로 말재주를 좋게 하고 스타일을 바꾼다? 그게 잘못입니다.

40년 가까이 강의를 하면서 말과 더불어 살아온 저도 말솜씨를 더욱 향상시키기 위해 평소에 꾸준히 노력을 기울여왔지만 돌아보면 별로 달라진 게 없습니다. 화법, 말하는 스타일은 하나도 바뀌지 않았습니다. 한계를 넘지 못함을 절감합니다.

'내 방식'으로 새로 시작하자

어떻습니까? 저의 지적에 동의합니까? 그런 의문과 반성 끝에 도달한 결론이 이 책입니다. 말재주 없는 사람들이 스피치를 잘할 수 있는 방법이 없을까 고민했습니다. 각자의 스타일에 맞는 방법으로 좋은 스피치를 할 수 있는 요령을 찾고자 했습니다. 그렇게 하여 제시하는 것이 바로 '내 방식 스피치'입니다. 거창하게 'My Way Speech'라고 하겠습니다.

물론 말재주 있는 사람의 방식과 말재주 없는 사람의 스피치 방식이 전혀 다른 것은 아닙니다. 요령은 같습니다. 그러나 분명한 것은 말재주 있는 사람과 말재주 없는 사람 사이에는 넘기 어려운 벽이 있습니다. 한계가 있습니다. 그것을 솔직히 인정하고 각자 자기 나름의 방식으로 말해야 한다는 것이 제가 내린 결론입니다. 그래야 말재주 없는 사람도 청중의 마음을 사는 좋은 스피치를 할 수 있습니다. 괜한 헛고생을 하지 않고 말입니다.

이 책은 지금껏 화술 전문가들이 다뤄왔던 수많은 스피치 요령 중에서 말재주 없는 사람이 활용하기 좋은 방식들을 고르고 창의적으로 재구성했습니다. 그러기에 얼핏 보면 비슷해 보이지만 분명히 차이가 있습니다. 말재주 없는 사람을 위한 배려가 요령과 기법의 바탕에 깔려 있습니다. 또한 말재주 없는 사람이 너무 버겁지 않도록 내용을 줄이고 압축하여 손쉽게 배우고 익힐 수 있도록 했습니다. 많은 것을 알기보다 꼭 필요한 것을 익히는 것이 낫겠다고 판단해서입니다. 그래서 책의 분량이 많지 않습니다.

아울러 스피치의 범위는 교사나 전문강사같이 장시간에 걸쳐 직업적으로 행하는 강의·강연의 스피치가 아니라 직장인들이 직장생활을 하면서 맞닥뜨리게 되는 비즈니스 스피치, 즉, 훈시나 짧은 연설, 사내社內 강의와 같이 어떤 주제에 대하여 말하는 '주제 스피치', 인터뷰·발표·프레젠테이션과 같은 '설명 스피치', 인사·축사·환영사·건배사 같은 '인사 스피치', 회의나 행사의 사회를 볼 때 하게 되는 '진행 스피치'에 관한 것 등으로 범위를 나눠봤습니다.

또한 스피치의 목표는 높이 잡지 않았습니다. 장기간에 걸쳐 집중적으로 스피치 훈련을 하지 않고 책 한 권으로 말재주 없는 사람이 청중을 휘몰아치는 명스피커의 능력을 함양할 수는 없기 때문입니다.

그동안 스피치라면 전전긍긍하며 자신감 없던 사람에게, 그리고 어차피 말재주가 없으니 조금만 더 나은 능력을 키우면 좋겠다고 생각하는 사람에게 '이 정도면 나도 할 수 있다'는 자신감을 심어주고, 청중들로 하여금 좋은 반응을 얻어 명스피커는 아니더라도 '좋은 스피커'가 될 수 있게 하자는 것이 이 책이 설정한 목표입니다. 복잡하지 않은 요령, 각자의 스타일에 맞는 기법으로 '아'와 '어'의 작은 차이를 만들어보자는 것입니다. 그러나 그것은 결코 작은 차이가 아님을 실전에서 깨닫게 될 것입니다.

아무쪼록 이 책을 통하여 당신의 스피치 능력이 향상되기를 바랍니다. 남의 방식이 아닌 당신 특유의 방식으로 청중에게 어필되는 좋은 스피커가 되기를 바랍니다. 이제 '내 방식'으로 새로 시작합시다.

3

반드시 극복해야 할 기본 세 가지

필수적인 기본은 훈련을 쌓아야 한다

4

스피치 기획과 콘텐츠

말재주가 없다면 기획과 콘텐츠로 승부하라

5

상황별 스피치 요령

비즈니스 스피치의 모든 것

6

필수적인 스피치 공식들

긴급 상황에서 떠올려야 할 스피치 공식

7

스피치 실전

말재주 없는 사람이 꼭 지켜야 할 열 가지

8
말재주 없는 사람의 유머구사법
내 방식으로 웃기자

에필로그

'내 방식 스피치'라는 이름으로

'내 방식'으로
도전하기

말재주가 없다면 방법을 바꾸자

스피치! 그것을 잘하고 싶은 것은 많은 사람들이 갖는 소망의 하나다. 출판계의 불황에서 보듯이 책을 잘 읽지 않는 세태에도 불구하고 그것에 관한 책은 꾸준히 팔려나간다는 사실은 무엇을 말하는가? 그럼에도 말재주 없는 사람들은 아직도 방법을 찾지 못해 스피치에 대한 스트레스에 시달린다.

왜 그럴까? 애초에 방향설정을 잘못해서라는 게 나의 진단이다. 즉 스피치를 잘하는 사람들의 방식을 배우는 것은 좋은데 사람마다의 타고난 특성을 고려하여 자기에게 맞는 요령으로, '내 방식'으로 바꾸지 않고 그대로 습득하려고 하기에 말재주 없는 사람은 결국 그 자리를 맴돌고 있는 것이다.

그럼 '내 방식'이란 무엇인가? 쉽게 설명하자면, '사람마다의 타고난 고유의 언어습관과 능력, 스타일 + 훈련으로 가능한 변화 + 상황과 청중에 맞춤형 기획 = 내 방식 스피치'라고 하겠다. 즉, 사람마다의 타고난 말재주와 스타일을 어쩔 수 없는 조건으로 인정하고, 그런 사람이 훈련으로 가능한 범위의 변화를 도모하고 잘 기획된 맞춤형 스피치로 자기 스타일에 맞는 좋은 스피치를 하자는 것이 바로 '내 방식 스피치'라는 말이다. 이제 내 방식 스피치를 본격적으로 배우기에 앞서 스피치가 직장생활 또는 사회생활에서 얼마나 중요한지부터 살펴보자. 그것을 절감해야 스피치 능력을 키우려는 의욕 또한 절실해질 테니까 말이다.

스피치 능력이 경쟁력이다

세계적인 회사가 스피치 교육을 중시하는 까닭

 본격적으로 스피치 요령을 배우기에 앞서 가장 핵심 되는 것 하나는 확실히 해두고 출발하자. 스피치가 왜 중요한가? 왜 스피치 능력을 키우려고 하는가? 바로 이것이다. 이 점이 확실해야 힘겨운 - 아니 힘겹기보다는 귀찮고 지루한 - 과정을 통과하여 목표에 도달할 수가 있다.

 목적과 이유는 사람마다 다를 것이다. 정치인이라면 멋진 연설을 통하여 사람들의 마음을 휘어잡기 위해 스피치 능력을 향상시키려할 것이다. 정치는 말이니까. 그러면 일반 직장인에게 스피치의 비중은 어떠한가? 결론부터 말하면 직장인에게도 스피치의 중요성은 결코 가볍지 않다.

전국경제인연합회가 여론조사 전문기관인 '리서치앤리서치'에 의뢰하여 '성공적인 직장생활을 하는 데에 가장 중요한 능력이 무엇인지' 조사하였다. 대기업, 공기업, 금융기관, 외국계 기업의 20~30대 대졸 직장인 800명을 대상으로 설문을 한 결과(복수응답), 회사업무 수행에 도움이 되는 으뜸능력은 컴퓨터 활용능력(77.5%)이었다. 그리고 스피치 능력이 2위를 차지했다(48.9%). 오히려 업무관련 자격증이나 전공지식이 뒤로 밀려났고, 일반적으로 중요하게 여기며 머리 싸매고 공부하는 영어 능력은 순위가 더 낮았다(연합뉴스, 2014. 5. 20).

직장인 필수 능력 Best 2

최근에 이르러 취업포털 잡코리아도 비슷한 조사를 하였다. 직장에서 성공하기 위해 꼭 필요한 능력이 무엇인지를 남녀 직장인 1005명을 대상으로 설문조사 하였는데, 이 조사에서는 컴퓨터 능력이 뒤로 처졌다. 그 대신 '대인관계 능력'이 1위를 차지했고(46.3%), '스피치 능력'이 요지부동(?)의 2위를 차지하여(19.4%), 그 중요성을 입증하고 있다(3위는 업무관련 자격증, 4위는 전공지식, 그리고 컴퓨터 능력이 5위다). (프라임경제, 2016. 5. 13.)

이런 설문조사를 놓고 의외라고 생각하는 사람이 있을지 모른다.

그랬다면 직장생활의 성공요소를 곰곰이 생각해보지 않았다는 의미가 된다. 설문조사의 결과가 아니더라도 직장인에게 있어서 스피치 능력은 매우 중요하다. 왜 그럴까?

이유는 간단하다. 직장생활에서 스피치할 기회가 훨씬 많아졌기 때문이다. 상사나 거래처를 대상으로 업무 관련 사항을 보고 또는 발표할 일이 많아졌으며, 회사의 행사나 회의 등에서 발언할 일도 많아졌다. 때로는 행사진행의 사회를 봐야 할 경우가 있는가 하면, 직위가 올라가면 직원들 앞에서 한마디 해야 할 일도 있다. 때로는 강사가 되어 회사 내의 사람들에게 강의를 해야 하는 경우도 있을 것이다. 그럴 때 어떻게 말하느냐에 따라 이미지는 물론 리더십까지 평가되고 결국은 그것이 능력평가로 연결되어 직장생활의 성패를 좌우할 수도 있다.

세계 경영인들의 사관학교로 불리는 저 유명한 GE 크로톤빌 리더십 개발센터나 데일 카네기 리더십 코스에서 스피치를 중점적으로 훈련하는 것을 떠올린다면, 시사하는 바를 깨닫게 될 것이다.

직장인에게 스피치가 그렇게 중요한 경쟁력임에도 불구하고 우리의 현실은 어떤가? 직장에서 사내강사 양성을 위해 스피치를 교육하는 경우는 많아도 일반 임직원을 대상으로 체계적으로 스피치를 훈련하는 경우는 많지 않다. 회사 차원이 아니라 개인으로 들어가면 상황은 더 빈약하다. 외국어 공부에는 글로벌 운운하며 비싼 돈을 들이고 시간을 쪼개어 필사적으로 공부를 하고 훈련을 쌓으면서도 우리말 스피치에 그렇게 투자하는 사람은 거의 없을 것이다. 전문강사가 되기 위해 스피치 공부를 하는 사람은 있지만 직장인으로서의 자기계발을 위해 스피치에 투자하는 사람은 거의 없다. 설령 스피치 능력을 향상시키기 위해 공부를 한다고 하더라도 책 몇 권 읽는 것으로 그치고 만다. 그러고는 자신의 노력이 적은 것을 탓하지 않고 "말이란 역시 재주가 있어야 한다"며 포기하고 만다.

강조하지만 글로벌을 말하기 전에 우선 우리말 스피치부터 제대로 해보자. 전문강사가 되기 위한 강의법이나 정치인이 되기 위한 연설법은 나중에 배우더라도 우선 직장생활에서 필요한 비즈니스 스피치부터 익혀두도록 하자. 그것을 제대로 할 수 있는 사람과 버벅거리는 사람의 차이는 하늘과 땅이기 때문이다.

"'내 방식 스피치'란
사람마다의 타고난 말재주와 스타일을
어쩔 수 없는 조건으로 인정하고,
훈련으로 가능한 범위의 변화와 잘 기획된 맞춤형 기획으로
자기 나름의 좋은 스피치를 하는 것이다."

왜
'내 방식 스피치'
인가?

당신 특유의 방식으로 말하라

앞에서, 직장인에게 있어 스피치가 얼마나 중요한지를 살펴보았다. 그렇다면 작심하고 스피치를 배울 필요가 있다. 그러나 중요한 것은 예전의 방식 – 말재주 있는 사람들을 따라하는 방식 – 으로 다시 스피치에 도전하는 것은 괜한 헛고생이라는 사실이다. 시간낭비요 노력낭비며 비용낭비다.

다시 시작하되 새로운 방식으로 해야 한다. 새로운 방식이란 결국 말재주에 의지하는 방식이 아니라 당신 특유의 방식으로 당신다운 스피치를 하는 법을 말한다. 타고난 말재주가 없다면 이제 답은 하나다. 말 잘하는 사람들의 방식, 남의 방식을 터득하려고 하지 말고,

당신 자신의 방식에 승부를 걸어야 한다. 지금까지와는 다른 방식. 남의 방식이 아닌 당신의 스타일에 어울리는 '나의 방식', 그것이 해결책이다.

나는 나다

사람들이 단상에서 스피치하는 것을 유심히 관찰해보라. 사람마다 얼굴 생김새가 다르고 목소리가 다르며 말하는 스타일 또한 각양각색이다. 모두들 타고난 자신의 스타일이 있다. 똑같은 사람은 하나도 없다. 실상이 그런데도 남의 흉내를 내어 말하겠다고? 그러니 제대로 될 리가 없다. 당신은 당신의 방식으로 말하고, 나는 내 방식으로 말하는 게 맞다. 나는 나다.

'네 방식'으로는 안 된다

남들이 하는 방식이 나에게도 통하는지 잘 이해하라. 예컨대 말재주 없는 사람은 죽었다 깨도 장경동 목사님처럼 말할 수 없다. 그의 방식은 '네 방식'이지 '내 방식'이 아니다. 그의 방식에서 배울 점을 찾아 스피치 능력을 향상시키는 요령을 뽑아낼 수는 있지만, 그것을 나의 방식으로 변환하여 적용할 때 유용한 방법이 된다. 이치가 이런데도 그의 스피치를 흉내내겠다고? 똑같은 방법으로 스피치를 하겠다고? 배울 수도 없을 뿐 아니라 흉내를 내도 당신에게 어울리지 않는다. 스스로 생각해도 어색할 것이다.

스피치에 연기력이 중요하긴 하지만 연기력만으로 스피치가 되지는 않는다. 자기가 생각해도 어색한 스피치로 청중의 마음을 사로잡겠다고? 그건 불가능하다. 실패한다. 죽이 되든 밥이 되든 당신의 방식으로 승부해야 한다. 청중에게 맞추는 게 아니라 청중이 당신의 스피치에 끌려오게 하는 거다. 당신의 스피치 방식에 동화되게 해야 한다.

자신이 자신 있는 방법으로 하라

이제부터 당신이 자신 있게 잘할 수 있는 방법을 찾아라. 노래를 잘한다면 그것을 동원할 수도 있다. 춤을 잘 춘다면 그 또한 기막힌 도구가 된다. 말을 더듬거린다면 그것을 고치려 애쓰기보다 차라리 더듬화법(?)을 그대로 노출하여 당신 특유의 스피치 화법을 개발하는 게 낫다. 예컨대, 말을 천천히 하는 사람이라면 말을 빨리 하는 방법을 배울 것이 아니라(그것 자체가 불가능하다), 차라리 "저는 원래 말이 느려터집니다"라고 '셀프디스'하는 게 청중의 기대치를 낮추고 호감을 살 수 있는 당신만의 방식이 될 수 있다. 말을 느리게 하면서 청중의 마음을 사로잡는 방법을 찾아야 한다. 약점을 강점화하는 전략을 펴야 한다.

한계를 인정하자

말재주 없는 사람이 수천 명의 청중을 휘몰아치는 스피치를 하려 한다면 꿈을 깨라. 미안하지만 안 된다. 아니, 불가능하지는 않지만 책 한 권 읽어서 단기간에 될 일이 아니다. 남들로부터 "말 못한다는 이야기만 듣지 않으면 된다"는 식으로 소박한 목표를 설정하라. 말재간 없는 사람이 포복절도할 유머를 목표로 삼으면 오히려 썰렁해진다. 청중으로부터 "재미있군" 정도의 반응을 목표로 삼으면 된다. 한계를 인정할 것은 인정해야 한다. 일단 작은 목표부터 달성하고 나면 자신감이 생기고 조금씩 발전하게 된다. 그러다 보면 자신도 모르는 사이에 수많은 청중의 마음을 사고 웃음을 사는 경지에 도달할 수 있다.

남의 방식을 자기의 것으로 소화하라

자기 방식이라고 해서 엉뚱한 방식을 말하는 것은 아니다. 꼭 말주변 없는 사람의 방식만 고집하라는 것은 당연히 아니다. 그렇기에 이 책에서는 말재주 좋은 사람들의 사례가 많이 소개된다. 그 이유는 그들의 방식 중에서 말재주 없는 사람도 적용가능한 것이 있고, 그것을 배우기 위해서다. 남의 방식을 자기 것으로 소화하여 당신의 방식으로 전환하는 것이야말로 가장 바람직한 요령이 될 것이다.

"언변이 뛰어난 사람들의 방식을 그대로 흉내내려 하지 말고

그들의 방식 중에서 소화할 수 있는 것을 받아들여

당신의 방식으로 재창조하라."

● 말버릇을 고친다는 것, 이렇게 힘들다 ●

짧은 시간의 스피치에서는 말의 화장술을 펼칠 수 있다. 그러나 10분이 넘어서는 스피치라면 자신도 모르는 사이에 타고난 특색이 그대로 나타난다. 나는 지난 40여 년 동안 강단에 서서 강의를 할 때마다, '목소리를 낮추자' '천천히 말하자' '절대 흥분하지 말자'고 다짐하지만 어느 순간부터 나의 말버릇이 그대로 되풀이되고 있음을 항상 발견한다. 그 부분에서는 언제나 참담한 실패를 거듭한다.

강의 도중에 말이 빨라지고 목소리가 커져서 '어, 이래서는 안 되는데'라고 생각을 하지만, 한번 발동이 걸리면 사실상 통제불능이 된다. 이것이 말의 속성, 말버릇의 한계다. 그뿐이 아니다. 같은 주제로 수십 번을 되풀이한 강의라면 처음과 비교했을 때 지금은 예술적 경지의 완벽한 강의가 돼야 할 터이지만 그렇지 못하다. 강의의 내용은 더 좋은 것, 최신의 사례로 교체됐지만 화술(말버릇)과 말하는 스타일은 전혀 바뀌지 않고 있음을 확인하곤 한다. 스피치에서 자신의 말버릇과 스타일을 고친다는 것은 그만큼 힘들다. 거의 불가능하다.

내 방식 스피치

말 잘하는 사람
VS 잘 말하는 사람

말재주 없는 사람의 목표는 '잘 말하는 사람'

"솜씨 중 가장 으뜸의 솜씨는 말솜씨"라는 말이 있다. 바꾸어 말하면 재주 중에 제일의 재주는 말재주란 이야기가 되겠다. 물론 과장이다. 좋은 재주가 어디 그것뿐이겠는가. 그럼에도 우리가 평생동안 말을 하면서 산다는 것을 고려하면 일리가 없는 것도 아니다.

그런데 불행히도(?) 말재주는 타고난다. 여러 책에서 '말재주는 타고나는 것이 아니라 육성되는 것'이라고 하지만 상당부분 거짓이다. 괜한 부추김이다.

말솜씨는 얼마나 많은 학식을 갖고 있느냐와 관계가 별로 없다. 학식이 깊지 않은 사람 중에도 말재주가 뛰어난 사람은 많으며, 반면에 학식이 대단한데도 말주변은 형편없는 사람도 많다. 심지어 평생동안 사람을 가르치는 교육자로 일했으면서도 버벅거리는 사람도 많다. 당신의 주위에서도 그런 사람을 쉽게 발견할 수 있을 것이다.

여기서 확실히 해둘 것이 있다. '말 잘하는 것'과 '잘 말하는 것'은 다르다는 점이다.

말 잘하는 것은 타고난 말솜씨와 관계가 있는 반면에 잘 말하는 것은 말솜씨와 관계없이 얼마나 상대에게 어필하는 멋진 말을 하느냐와 관련 있다.

말 잘하는 것은 지식과 별로 관계가 없지만 잘 말하는 것은 지식과 관계가 있다.

말 잘하는 것은 듣기에만 좋을 뿐이지만 잘 말하는 것은 말재주가 없더라도 상대의 머리와 마음에 호감 또는 감동을 주는 것이다.

말 잘하는 사람은 때로 말만 잘하는 사람으로 부정적일 수 있지만 잘 말하는 사람은 그렇지 않다.

이치가 이러함에도 소위 '말 잘한다'는 사람들 중에는 자기가 정말 '잘 말하는 것'으로 착각하는 이들이 많다. 내 방식 스피치를 배우려는 사람이라면 이 둘의 차이를 분명히 해둘 필요가 있다. 왜냐하면 당신이 목표로 삼을 것은 말 잘하는 것이 아니라 잘 말하는 것이기 때문이다.

잘 말하는 사람 되기

청산유수의 달변에 엄청 재미있게 스피치를 하는데 알맹이가 없거나 단지 우스갯소리에 그치고 만다면 그는 말 잘하는 사람은 될지언정 잘 말하는 사람은 아니다. 반대로 눌변이요 버벅거리기는 하지만 귀를 쫑긋하게 만들고 사람의 마음을 사로잡는다면 그는 분명히 잘 말하는 사람이다.

물론 말 잘하는 사람이면서 잘 말하는 사람이 될 수도 있다. 그거야말로 이상적이요 금상첨화다. 예컨대 타고난 말솜씨가 있는 사람이 깊은 학식과 정연한 논리와 재치 있는 감각으로 스피치한다면 그는 말 잘하는 사람이며 동시에 잘 말하는 사람이다. 우리는 흔히 이 두 가지 요건을 충족하고 있는 사람을 가리켜 말 잘하는 사람이라고 뭉뚱그려 이야기하지만, 세심히 따져보면 분명히 다르다. 바로이 점에서 말재주가 없는 사람도 스피치를 잘할 수 있는 가능성을 발견한다.

당연히, 이 책이 목표로 하는 것은 말 잘하는 사람이 아니라 잘 말하는 사람이다. 말솜씨는 없지만 어떻게 하여 스피치를 잘할까 – 잘 스피치할까를 추구하는 것이다. 그 점을 확실히 인식하고 당신의 스피치 능력을 향상시켜야 한다.

한 가지 정리해둘 것이 있다. 앞에서 설명한 대로 말 잘하는 것과 잘 말한다는 것이 이렇게 다르고 이 책이 목표하는 것은 잘 말하는 것이지만, 두 표현이 헷갈릴 수 있고 실제에 있어서는 이 둘을 구분하여 사용하지 않기에 이제부터는 특별히 구분하는 경우를 제외하고는 '말 잘하는' 것과 '잘 말하는' 것을 구분하지 않고 우리가 통상적으로 이야기하듯이 '말 잘하는' 것으로 표현하겠다.

"당신이 말재주 없는 사람이라면
스피치의 목표를 '잘 말하는 것'에 두면 된다."

• 말 잘하는 것 vs 잘 말하는 것 •

재미는 있지만 감동이 없으면 말 잘하는 것일 뿐
청산유수로 말하지만 느낌이 없으면 말 잘하는 것일 뿐
화려한 언변이지만 알맹이가 없다면 말 잘하는 것일 뿐
논리정연하게 말하지만 거짓과 속임수의 궤변이라면 말 잘하는 것일 뿐
말재주는 있지만 분위기 파악T·P·O을 못하면 말 잘하는 것일 뿐
청중의 주의는 끌지만 천박한 이미지를 준다면 말 잘하는 것일 뿐
달변이지만 '말 따로 행동 따로'라면 말 잘하는 것일 뿐

말은 어눌하지만 들을수록 감칠맛이 있다면 잘 말하는 사람
버벅거리기는 하지만 가슴을 뭉클하게 한다면 잘 말하는 사람
가방끈은 짧아도 진심으로 감동을 준다면 잘 말하는 사람
언변은 없는데 스피치의 내용이 너무 좋다면 잘 말하는 사람
말솜씨는 시원찮은데 상황과 분위기에 맞춰 재치를 보인다면 잘 말하는 사람
눌변이지만 청중들에게 스피치로 좋은 이미지를 준다면 잘 말하는 사람
그리하여 말재주가 없음에도 사람들이 '와우!' 감탄한다면 당신은 잘 말하는 사람

"아무리 스피치를 잘해도 설화舌禍를 일으키면 진짜 말 못하는 것!"

내 방식 스피치

착각하지 마라

우리가 배워야 할 스피치는 이런 것

스피치를 배우려고 할 때 가장 먼저 할 것은 범위와 목표를 정하는 일이다. 주로 어떤 상황에서 어떤 스피치를 할 것인지 자신의 처지에 맞춰 범위를 정해야 하며, 또한 어느 수준의 스피치를 희망하는지 정해야 한다. 어떤 상황에서도 써먹을 수 있는 최고 수준의 스피치를 구사하고 싶다고? 꿈을 갖는 것은 좋지만 욕심은 금물이다. 타고난 말재주도 없으면서…….

아울러 방송 등에 출연하여 현란한 말솜씨를 자랑하는 사람들에게 현혹되는 것도 삼갈 일이다. 토크쇼나 연예 프로그램에 나와서 입담을 과시하는 사람들이 정말 좋은 스피치를 구사할 것인지는 확인해봐야 안다. 그런 사람들 중에도 막상 스피치를 하라고 하면 횡설수설하는 이가 의외로 많다.

말재주가 좋으면 스피치도 잘할까?

방송인으로 유명한 아무개씨(남성). 한때 그가 진행하는 TV프로그램은 높은 시청률을 기록하기도 했다. 그러다가 사기를 당하는 등 어려움을 겪어 방송계를 떠났으나 요즘은 다시 컴백하여 예전 같지는 않더라도 그런대로 TV진행도 하고 광고모델로도 나온다. 국민들에게 잘 알려져 있는 그는 그 명성을 발판으로 가끔은 직장인이나 지역주민을 대상으로 강의도 한다.

언젠가 출장을 갔다가 지방자치단체가 주관하는 주부 아카데미에 그가 강사로 나온다는 것을 알게 됐다. 나는 좋은 기회다 싶어 강당 뒤편에 슬며시 자리를 잡고 청강을 했다. 방송에서 말 잘하는 사람이 정말로 강의나 스피치를 잘하는지 확인하고 싶었다.

한마디로 실망이었다. 말은 청산유수인데 과연 무엇을 말하는지 알 수가 없었다. 주제는 '행복'에 관한 것이었는데, 명쾌한 이론도 탄탄한 논리도 없이 그냥 신변잡기를 '떠들고' 있었다. 뻔한 이야기에, 무조건 뒤집으면 역발상의 기똥찬 이야기가 되는 줄 알고 억지주장을 펴고 있었다. 그러고는 억지로 행복과 연결하며 '개똥철학'을 설파하는 것이었다. 천박했다. 틈틈이 자기가 자주 접하는 연예인들의 가십거리를 알려주며 청중의 웃음을 이끌고 있었지만, 말장난에 불과했다. 말장난을 할 때마다 주부들이 까르르 웃어주고 환호를 하니까 그는 신이 났고 나중에는 성희롱의 경계를 넘나드는 아슬아슬한 장면을 연출했다. 그때 나는 분명히 들었다. 나의 주위에 자리잡은 청중들이 작은 소리로 속삭이는 것을.

"지금 뭐하는 거지?"

"에구, 실망이야."

강의를 끝내고 자리를 뜰 때 한무리의 주부들이 그를 에워싸고 사인과 사진찍기를 요청하였다. 연예인급 방송인이니까 말이다. 그는 돌아가는 차 속에서 흐뭇하게 생각할지 모른다. 오늘 명강의를 했다고 즐거워했을 것이다. 그랬다면 엄청난 착각이다.

청중은 의외로 냉정하다. 환호하고 손뼉을 친다고 내심도 그런 건 아니다. 말재주를 부리는 것과 말을 잘하는 것을 분명히 구분하여 평가한다. 웃는다고 꼭 호의는 아니다. 말 그대로 한심하고 기가 막힌다는 의미의 '웃기는' 사람이 되는 경우도 많다.

생각나는 이가 또 있다. 이번에는 여성으로서 그녀 역시 방송강의를 통해 유명해진 사람이다. 사람들은 그를 보고 참 말을 잘한다고 한다. 그러나 나는 평가를 확실히 달리한다. 아니 나뿐만 아니라 내 주위에는 그녀의 강의를 매우 '천박하게' 여기며 혹평하는 사람이 적지 않다. 실제로 말 잘하는 것으로 알려져 TV에 얼굴을 자주 보이는 사람 중에 남녀를 불문하고 본받아서는 안 될 스타일의 스피커가 의외로 많다. 시청률을 의식하여 안쓰러울 정도로 온갖 몸짓과 별별 소리를 흉내 내며 목숨 걸듯 강의하는 이가 많은데 '내 방식 스피치'를 배우려고 하는 사람은 그것을 부러워하지도, 흉내 낼 생각도 해서는 안 된다. 방송강의와 현장에서의 강의, 특히 비즈니스 스피치는 다르다. (나도 젊었을 때 TV방송에서 무조건 웃겨달라는 요청을 받고 별짓을 다했던 경험이 있는데 지금 생각하면 참 쑥스러운 짓을 했다.)

강조하지만 말재주 없는 당신이 배워야 할 스피치는 그런 것이 아니다. 방송용 언변과 비즈니스 스피치의 언변은 다르다. 그런 것을 분명히 구분하고 당신은 당신이 배워야 할 스피치를 배우고 당신이 구사해야 할 스피치를 구사하면 된다.

당신이 배워야 할 스피치는 이런 것

지인 아들의 결혼식장에서다. 식순에 양가부모의 인사말 순서가 있었다. 신랑의 아버지가 먼저 나섰다. 그는 금융기관의 임원으로서 말쑥한 차림에 즉석 스피치를 하듯 매끄러운 인사말을 하였다. 나무랄 데가 없었다. 미사여구가 동원되고 기승전결이 완벽했다. 사람들은 그의 언변이 매우 좋다는 느낌을 받았다. 그러나 그의 스피치는 그냥 의례적인 인사로 다가왔다.

이어서 신부의 아버지가 나섰다. 경상도 시골에서 작은 과수원을 갖고 소박하게 농사를 짓는 집안이라고 했다. 실제로 겉모습에서 그런 분위기가 물씬 풍겼다. 결혼식장이 너무 멀어서 신부측 하객은 버스 한 대에 불과하다고 말문을 열었다. 그러고는 투박한 경상도 억양으로 더듬거리며 천천히 말을 이어갔다.

"시골 사람이 서울의 예식장에서 귀한 분들 앞에 설 것을 생각하니 무척 떨렸습니다. 그래서 오늘 아침에 집을 나설 때 말이 잘 나올 것 같지 않아 몇 자 적어 갖고 왔습니다"며 안주머니에서 메모지를 꺼냈다. 그 모습이 진지하고 소박하고 재미있어서 하객들의 잔잔한 웃음이 번졌다. 그는 오랫동안 도시에 떨어져 살아 성장한 후 함께한 날이 별로 없는 딸아이가 결혼하는 것에 대한 섭섭함과 안타까움으로 사랑을 표현했다. 말은 더듬거렸고 매끄럽지 않았지만 딸을 가진 부모로서의 심경을 글로 읽었고 때로는 마음을 전하기가 부족하다고 생각했는지 읽기를 멈추고 해설을 곁들이기도 했다.

그때마다 하객들의 웃음이 이어졌다. 공감하며 고개를 끄덕였다. 나중에는 눈물을 훔치는 사람도 있었다. 투박하지만 진심 어린 인사말을 끝냈을 때 사람들은 큰 박수로 그를 위로했다. 누가 감히 그에게 '언변' 운운할 수 있을까? 사람들이 귓속말로 감상을 이야기했다.

"감동이네요" 심지어 "참 말씀을 잘하시네요"라고.

우리가 배워야 할 스피치는 과연 어느 쪽인가? 말재주 없는 사람이 배워야 할 스피치는 후자인 신부 아버지의 스피치 같은 것이다. 이처럼 말을 잘한다는 것의 의미와 한계, 그리고 목표를 분명히 해야 하며, 정말로 잘하는 스피치가 어떤 것인지도 확실히 알아야 한다. 그래야 좋은 스피치가 보인다. 그래야 말재주 없는 당신도 좋은 스피치를 할 가능성이 보인다.

• 스피치 잘하는 머리는 따로 있다? •

일반적으로 여성이 남성에 비하여 말을 잘한다고 한다. 그 증거로 여성의 끊임없는 수다를 들먹인다. 여성이 말을 잘한다는 것은 남녀의 뇌구조 차이에서 비롯된다고 한다. 남성의 경우 감정기능이 오른쪽 뇌에 있고 그 감정을 말로 표현하는 기능은 왼쪽 뇌에 있다. 그런데 그 양쪽 뇌를 연결하는 뇌량(광통신 같은 것)이 여성보다 가늘어서 정보교환이 제한적이다. 따라서 감정을 수시로 표현하는 데 어려움을 겪는다는 것이다.

반면에 여성은 감정을 다루는 영역이 양쪽 대뇌에 고루 퍼져 있을 뿐 아니라 뇌량도 남성에 비하여 더 굵어서 감정을 잘 표현하며 정보교환도 잘되어 언어능력이 뛰어나다고 한다. 그러나 이것은 감정표현에 능하다든가 말을 많이 하는 이유는 되겠지만, 스피치를 잘하고 못하는 것과는 관련이 없다고 본다. 여성들이 달변이고 수다쟁이인 경우는 많지만 현실에 있어서 남성보다 스피치를 더 잘하는 것 같지는 않다. 따라서 말을 잘하는 것과 스피치를 잘하는 것과는 다르다는 생각이다.

그럼에도 불구하고 말(스피치)을 잘하는 사람이 남녀를 가릴 것 없이 두뇌회전이 빠른 것은 사실이다. 눈으로 본 정보나 순간적으로 떠오른 생각을 순식간에 멋진 표현과 논리로 바꾸어 입으로 뱉는 것은 확실히 두뇌회전과 관련이 있는 것으로, 이는 머리가 좋고 나쁘고의 차이가 아니다. 천재 중에 눌변이 있는가 하면 반대로 IQ는 별로 높지 않은데도 말을 잘하는 사람이 있으니까. 한마디로 스피치 하는 두뇌는 따로 있다. 그것을 우리는 타고난 '말재주'라고 한다.

그럼 타고난 말재주가 없는 사람은 어떻게 한다? 그래서 이 책을 읽는 거다. 그래서 '내 방식'을 찾으라는 것이다.

말꾼에게서 버릴 것과 배울 것

그들이 청중을 사로잡는 이유

‘꾼’이란 어떤 일이나 행위를 직업적 또는 습관적으로 능숙하게 하되 속되게 하는 사람을 가리키는 말이다. 그러니까 말꾼이란 타고난 재주에 매달려 말을 능숙하게 하지만 속되게 하는 사람이다. 예컨대 TV강연을 통하여 잘 알려진 사람 중에도 말꾼인 경우가 적지 않다. 눈치와 재치가 발달하여 청중의 속성을 잘 포착하고 말은 번드르르하게 하며 잘 웃기지만, 실제로 웃기는(후자의 ‘웃긴다’는 것은 ‘천박하고 얕은’의 의미) 사람이 있다. 말재주 없는 사람으로서는 그것이 부러울지 모르나 그럴 필요는 없다. 전혀 없다. TV에 출연하여 웃기는 게 소망이 아닌 한 말이다. 진정으로 명스피커, 아니 좋은 스피커가 되고자 한다면 결코 말꾼을 부러워하거나 꿈꿀 필요는 없다.

그러나 말꾼에게서도 배울 것은 있다. 그들이 편집된 얕은 지식에도 불구하고(모두가 그런 건 아니지만) 고명한 학자들을 제치고 청중의 환호를 받는 데는 그만한 이유가 있으니까 말이다. 일단 TV강연 등을 통해 일반인들에게 잘 알려진 한두 사람 정도를 머리에 떠올려보자. 그리고 그들의 화법을 잘 분석해보자. 어떻게 말하기에 청중들을 휘어잡는지 꼼꼼히 따져보자. 그들에게는 독특한 능력이 있다. 말을 청산유수로 잘하는 타고난 재주를 제외하더라도 배울 것이 있다. 세 가지로 압축해본다.

말꾼에게서 배울 세 가지

첫째는 평범한 사실, 별것 아닌 이야기를 특유의 관점에서 비범하게 해석한다는 점이다.

물론 그들은 그런 해석능력을 타고난 사람들이다. 발상법이 남과 다르다. 그것을 말재주 없는 사람들은 배워야 한다. 평범한 것을 비범하게 해석하도록 노력해보자는 말이다. 그렇게 할 수 있으려면 거꾸로 해석하고 비틀어 해석함으로써 상식과 통념을 깨야 한다. 그럼으로써 청중들이 고개를 끄덕이게 하고 나아가 감탄하게 할 수 있다.

간단한 예를 들어보겠다. '사공이 많으면 배가 산으로 올라간다'는 것을 스피치에 이용할 때 그대로 말하면 상식이요 늘 듣던 말이다. 그러나 '배가 산으로 올라가는 기적을 이루려면 사공들이 많아야 한다. 즉 모두가 힘을 합쳐야 한다'라고 말하면 전혀 색다른 해석과 교훈이 될 수 있다.

둘째는 같은 말이라도 재미있게 표현한다는 점이다. 말꾼들은 쉬운 말, 일상적인 현장용어, 가장 새로운 유행어 따위로 사람들의 마음을 파고든다.

그들은 어려운 용어, 전문용어, 딱딱한 표현을 사용하지 않는다. 남들이 쉽게 알아들을 수 있는 말을 사용하며, 나이에 걸맞지 않는 신세대의 최신 유행어를 구사함으로써 청중의 예상을 뒤엎는다. 그럼으로써 웃음을 자아내고 감탄을 이끌어낸다.

예를 들어보자. 만약 70대의 스피커가 이야기를 전개하는 중에 "깜짝 놀랐다"라고 말할 것을 "헐!"이라고 했다면 어떻겠는가. 현장용어와 유행어를 사용함으로써 훨씬 쉽고 재미있지 않은가. 그뿐이 아니다. '70대의 노인이 저런 용어와 센스를?'이라고 생각하여 청중들의 반응이 좋을 것이다.

셋째는 거의 언제나 사례를 들이댄다는 점이다.

학식이 풍부한 말꾼들(소개할 만한 몇 사람이 있지만 결례가 될까봐 생략한다)은 놀라운 이론과 최신의 연구결과를 활용하지만, 그렇지 못한 말꾼들은 짧은 학식과 논리를 사례로 커버한다. 사례라고 해서 실험적 사례나 외국의 거창한 사례가 아니다. 주변에서 일어났던 사례, 가정에서 벌어진 사건, 길거리의 경험담 등으로 채운다. 그렇기에 귀에 쏙 들어오고 공감을 하기 쉽다. 그들은 이론보다 사례가 청중의 관심을 끌고 마음을 움직이는 데 효과적임을 본능적으로 알고 있다. 이 점은 앞으로도 계속 강조하겠지만 말재주 없는 사람이 좋은 스피치를 하려고 할 때 반드시 배워야 할 것이다.

위의 세 가지를 잊지 말자. 말꾼에게서 그것을 배워야 한다. 앞으로 스피치를 하게 될 때, 또는 스피치 원고를 작성하거나 머릿속으로 구상할 때, 이 세 가지를 떠올릴 필요가 있다. 색다른 해석, 재미있는 표현, 사례 동원 - 이 세 가지를 말이다.

"말꾼들의 화법을 잘 분석해보자.
어떻게 말하기에 청중들을 휘어잡는지 꼼꼼히 따져보자.
그리고 배울 것은 배우자."

• 내 방식으로 도전하기 •

말재주가 없다면 어떻게 해야 스피치가 좋아질까?

직장인의 필수능력 2위가 스피치

스피치 책을 열심히 읽지만 스피치 안 늘어.

그들의 스킬, 말재주 따라 하기 어려워

말재주가 없는 내게 맞는 스피치 방식은?

말재간이 아니라 진심으로 청중의 마음에 다가가는 스피치를 배우자.

모델로부터 배우기

스피치의 고수로부터 배우자

제1장에서는 왜 '내 방식 스피치'를 해야 하는지 살펴보고, 말 잘한다는 사람들 - 말꾼들로부터 배울 것과 버릴 것을 다뤘다. 이번 장에서는 스피치 고수들에게서 배워야 할 것들을 좀더 상세히 본격적으로 설명한다.

말재주 없는 사람이 스피치를 잘하려면 책에서 이론적으로 화술을 배우기보다는 실제 모델로부터 배우는 것이 훨씬 낫다. 스피치 현장에서 고수들은 어떻게 준비하고 어떻게 말을 하여 청중들을 휘어잡는지 그 기법과 요령을 잘 살펴보면 당신이 적용할 어떤 영감을 얻을 수 있을 것이다. 물론 그들 대부분은 타고난 말꾼들이다. 그럼에도 불구하고 말재주로만 핑계를 댈 수 없는 유용한 기법이 동원됨을 알 수 있다. 그것들 중에는 말재주 없는 사람도 충분히 활용할 수 있거나 꼭 터득할 요령도 많다. 그것을 배워보자.

수상소감에서 배우기

아카데미 수상자가 스피치를 잘하는 까닭

　스피치의 정수는 즉석 스피치다. 우리들 일반인들이 자주 접하는 즉석 스피치는 어떤 모임에서 인사말을 하는 경우가 해당될 것이다. 공식적인 자리에서도 '인사'라는 명분으로 짧은 즉석 스피치를 하는 경우는 많다. 대표적으로 꼽을 수 있는 것이 시상식에서 상을 받은 후 수상소감을 말하는 것이다.

　시상식 스피치 중에서 우리와 외국인 간의 스피치 기법과 수준을 비교할 수 있는 것이 있다. 이를테면 우리의 청룡영화제와 미국의 아카데미상이 좋은 비교가 될 듯하다.

　우리를 비하하는 것은 절대 아니지만 우리네 배우들의 스피치를

내 방식 스피치

들어보면 연기를 그토록 잘하는 사람들이 스피치는 왜 그 정도밖에 안되는지 답답할 때가 적지 않다. '뭐 저렇게 말을 못하나?' 싶을 정도로 버벅거리는 연예인도 있다. 대사를 외워서 하는 연기와 달리 수상소감이나 인사는 즉석 스피치라서 그렇다고? 그건 핑계다. 즉석 스피치라고는 하지만 어느 정도 예상을 하고 시상식에 나왔을 것이 뻔하다. 그런데도 버벅거리거나 횡설수설하다가 단상을 물러나는 경우를 보면 TV를 보는 사람이 쑥스러워지기도 한다.

심지어 말을 잘한다고 인정받아 단상에 모셔진(?) 사회자 중에도 행사진행의 시나리오와 다르게 벌어지는 돌발상황이 전개되면 영락없이 버벅거리는 경우가 있다. 임기응변에 약할 뿐 아니라 원고가 없으면 말을 제대로 못하는 것이다.

우리네 스피치의 한계

우리네 수상식의 스피치를 자세히 살펴보자. 줄기차게 '감사'의 행진이 벌어진다. 상을 탄 것에 감사하고, 감독에게 감사하며, 동료 배우들에게 감사하고, 관객들에게 감사한 다음, 가족과 배우자에 대한 감사가 나오면 스피치는 대충 끝난다. 때로는 "이 상을 누구에게 바친다"는 말이 이어지는데 그것 또한 '감사'의 연장선이라 할 수 있겠다. 그런 장면을 볼 때마다 나는 괜히 가슴을 졸인다. 혹시라도 아차 실수로 감사의 대상에서 빠지는 사람이 있으면 어쩌나 싶어서다. 이렇게 감사의 행진이 이어지는 스피치가 우리네 스피치의 특징

아닌가 싶다.

수상소감 중에서 호평을 받았던 황정민 씨의 인사말 하나만 보기로 하자. 제34회 청룡영화상 시상식에서 『신세계』로 남우주연상을 받았을 때의 수상소감 스피치다.

"감사합니다. 우선, 후보에 올랐던 아주 훌륭한 선배들, 동료들한테도 박수 한번 주세요. 2005년 『너는 내 운명』 때 상을 받아서 밥상 소감을 말했는데, 그 이후로 상을 받으면 어떤 소감을 해야 하나 걱정했습니다. 머리가 아픕니다. 영화를 계속 하다 보니까 고마운 사람들이 가면 갈수록 늘어납니다. 그분들께 이 자리를 빌어서 감사하다는 말을 드리고 싶습니다. 박훈정 감독, 최민식 형, 이정재, 박성웅까지 '어이 땡땡 브라더~' 사랑해(이 말은 영화에 나온 유행어였다). 상 받으면 좋아할 부모님과 장인 장모님, 또 여전히 황정민의 운명인 집사람과 아들과 함께 이 상을 같이하고 싶습니다. 열심히 하겠습니다. 좋은 배우가 되겠습니다. 사랑합니다, 여러분."

(뉴스엔, 2013. 11. 22.)

아카데미 스피치에서 배우는 한 수

그럼 이번에는 아카데미상 수상자의 스피치는 어떠했는지 보자. 우리들이 '감사' 퍼레이드를 펼치는 반면, 그들 스피치의 특징은 꿈을 말하고 스토리텔링을 한다는 점이다.

아카데미상 수상소감은 45초에 끝내도록 되어 있다. 행사 진행상 그 정도밖에 시간을 못 주기 때문이다. 물론 그 시간을 벗어날 경우 눈총을 받기는 하지만, 큰 문제가 되는 것은 아니다. 그러나 그 45초의 짧은 시간에 그들은 사례와 사연을 말하며 좋은 스피치를 한다.

지난 1991년 『사랑과 영혼』으로 아카데미 최우수 여우조연상을 수상한 우피 골드버그Whoopi Goldberg는 흑인으로서 어린 시절 홀어머니 밑에서 어렵게 자란 자신의 스토리를 스피치에 담아 자리를 가득 채운 스타들에게 이렇게 말했다.

"어린 시절 projects(미국의 빈민들을 위해 지어진 공동주택)에서 살던 저는 여러분들을 보면서 자랐습니다. 여러분이 저에게 배우의 꿈을 키워줬습니다. 이 자리에 서게 돼 정말 영광입니다."

우리에게 『대부』와 같은 명화로 잘 알려진 알 파치노Al Pacino. 그는 1972년 『대부』를 시작으로 무려 일곱 번이나 아카데미 남우주연상 후보에 올랐지만 20년 후인 1992년에야 비로소 『여인의 향기』에서 열연한 맹인 퇴역장교 역으로 아카데미 남우주연상을 받았다. 그 감격적인 순간, 앞에서 소개한 우피 골드버그처럼 뉴욕 브롱크스 지역에서 어렵게 자란 알 파치노는 옛날의 자신처럼 어려운 시기를 보내고 있을 젊은이들에게 꿈과 희망을 버리지 말라는 격려의 메시지를 스피치에 담았다.

"이 자리에 서게 되면 꼭 전하고 싶었던 말이 있습니다. 저는 정말 운이 좋았습니다. 일찍이 제가 하는 일에서 꿈을 찾았으며, 저를 독려해줬던 리 스트라스버그Lee Strasberg(미국의 전설적인 연기 선생)부터 훌륭한 친구이자 스승인 찰리 라우톤Charlie Laughton 감독, 그리고 함께 작업할 수 있었던 훌륭한 작가들이 있었기 때문에 무척 운이 좋았다고 생각합니다.

최근에 한 소녀가 제게 다가왔습니다. 제가 자란 남부 브롱크스에서 열린 한 행사에서였는데, 그 소녀는 저에게 '당신 때문에 용기를 얻었다'고 했습니다. 꼭 내 연기 때문이 아니라 단순히 같은 지역 출신이라는 점이 소녀에게 용기를 주었던 것입니다. 저는 그 소녀를 잊을 수 없습니다. 그리고 오늘밤 이 시상식을 보며 '저 사람이 꿈을 이룰 수 있다면 나도 할 수 있다'고 생각하는 젊은이들을 잊지 못할 겁니다. 따라서 이 순간은 제게 매우 영광스럽고도 희망적인 순간입니다. 아카데미가 우리에게 격려의 선물을 준 것을 감사하게 생각합니다. 이것은 제게 정말 엄청난 선물입니다. 모든 분께 진심으로 감사드립니다."

그리고 최근의 것으로 화제를 모은 수상소감은 2015년 아카데미 시상식에서 영화 『이미테이션 게임』의 작가인 그레이엄 무어Graham Moore의 스피치를 꼽는다.

"열여섯 살 때 저는 자살을 시도했었습니다. 제가 이상하고 남들과 다르며 어디에도 속하지 않는다고 느꼈기 때문이었습니다. 그런데 지금은 이곳에 서 있네요. 그래서 저는 이 순간이, 스스로 이상하고, 남들과 다르며, 어디에도 어울리지 않는다고 생각하는 아이를 위한 것이 되었으면 합니다. 당신의 자리는 있어요. 계속 이상하게, 다르게, 있어요. 그리고 언젠가 당신이 이러한 연단에 서는 순간이 오면, 다음 사람을 위해 이 메시지를 전해주세요."

내 방식 스피치

어릴 적에 부모님이 이혼하고 청소년기에 자살까지 시도하는 등, 인생의 역경을 겪은 그는 그 짧은 시간에 자신의 스토리를 담아냄으로써 듣는 이에게 벅찬 감동을 주었다.

(http://yoons-magazine.com/archives/4293)

물론 아카데미 수상소감이라고 해서 모두가 멋진 스토리를 담고 있는 것은 아니다. 가장 짧은 수상소감으로 깊은 인상을 남긴 사람 중에는 1990년 『좋은 친구들』로 최우수 남우조연상을 수상한 조 페시 Joe Pesci가 있다. 역대 수상소감 중 가장 짧은 것 가운데 하나로 알려진 그의 스피치는 이랬다.

"This is an honor and privilege, thank you."(영광이자 명예입니다. 감사합니다.)

(신동아, 2009년 4월호, '아카데미상 名수상소감' 중에서.)

청중의 입장에 서면 답이 나온다

결론을 내리자. 어떤가? 우리와 미국의 배우들이 어떻게 말하는지를 소개하는 이유가 있다. '나하고는 관계없는 일'이라고 머리를 돌리지 말라. 이 사례를 소개하는 첫째 이유는, 우리의 스피치와 비교해보면서 어떻게 말해야 좋을지를 한 수 배우라는 것이다. 어느 자리에서 즉석 스피치로 인사를 하게 될 경우 '감사 행진'을 벌이는 것은 별로 좋은 방식이 아니라는 점을 알아야 한다. 우리들의 스피치에서 감사를 줄줄이 꿰는 것은 영화제에서뿐만 아니라 웬만한 행사에서 자주, 아니 늘 접하는 것이다. 어찌 보면 한국형 '행사 스피치'의 전형이다. 스피치 문화라고 할 수도 있을 것 같다. 그 문화와 틀을 벗어나야 한다.

두 번째 이유는, 배우들의 스피치에서 알 수 있듯이 이런 상황에서의 스피치는 결코 말재주가 있고 없고의 문제가 아니라는 점이다. 아카데미 수상자의 스피치를 보면 말재주가 아니라(물론 그들은 말재주도 있지만) 콘텐츠, 즉 내용의 문제임을 깨닫게 될 것이다. 자신의 불우했던 시절을 솔직히 밝히면서 꿈을 이야기하고 스토리텔링을 한다. 짧은 시간이지만 청중들이 무엇을 듣고 싶어하는지에 초점을 맞춘다. 그러면 어떤 내용으로 말해야 하는지 금방 답이 나온다. 청중들은 '감사'를 듣고 싶어하지 않는다. 특정인에 대한 감사의 표시는 특정인을 제외한 나머지 사람 모두를 섭섭하게 할 수도 있다.

청중은 그가 어떤 과정으로 그 위치까지 왔는지, 단상에 서기까지 어떤 스토리가 있는지, 지금껏 밝히지 않았던 숨은 이야기를 더 듣고 싶어한다. 이 간단한 상식을 떠올린다면 어떤 내용을 담아야 할지 답이 나올 것이다.

스피치할 기회가 있다면 아카데미 시상식을 떠올려보자. 조금만 발상을 바꾸면 좋은 스피치를 할 수 있다. 말재주 따위는 필요 없다. 조금만 머리를 쓰면 된다. 짧은 시간에 청중들이 당신에게서 듣고 싶어할 말이 무엇인지를 캐치하여 정제된 말로 담아내면 된다. 그러면 좋은 스피치가 될 것이다.

"인사말 등의 즉석 스피치에서 감사의 행진을 벌이지 말라.

특정인에 대한 감사는 다른 사람에게 오히려 섭섭함을 남길 수 있다.

청중이 무엇을 듣고 싶어하는지에 집중하라. 그것이 요령이다."

스피치의 고수에게서 배우기

오바마식 스피치 기법

이번에는 세계적인 스피치 고수 버락 오바마_{Barack Obama} 전 대통령에게서 배워보자. 그가 뛰어난 연설가라는 것은 누구나 인정하는 사실이다. 시선처리에서부터 제스처, 심지어 목소리까지 타고났다. 머리회전도 빨라서 적절한 변화와 센스로 청중을 휘어잡는다. 뿐만 아니라 리듬 감각이 있어서 말을 하는 것이 노래를 부르듯 강약 고저 완급이 적절한 조화를 이루고 있다. 한마디로 말재주가 뛰어난 사람이다.

그렇다면 말재주 없는 사람이 오바마에게서 배울 것은 없을까? 오바마는 원래 말솜씨가 좋은 사람이니까 내가 도저히 따라 할 수 없다고 포기할 것인가? 아니다. 말재주는 그렇다 치더라도 오바마에게서 배울 것은 분명히 있다. 매우 많다. 어쩌면 이 한 사람의 스피치 기법에 거의 모든 것이 망라돼 있다고 할 수 있다. 그를 통하여 하나씩 배워보자. 상세히 설명할 테니 필히 익혀서 당신의 것으로 만들기를 권한다.

감정에 충실하기

2011년 1월 8일 미국 애리조나주 투손에서 무차별적인 총기난사 사건이 벌어져 21명의 사상자가 발생했다. 며칠 후인 12일 총기난사 사건의 희생자 추모식이 애리조나 대학교 맥케일 센터에서 열렸고, 오바마 대통령이 참석하여 연설을 했다. 이때 그의 '침묵연설'이 큰 반향을 일으켰다. 당신도 기억할 것이다.

그는 30여 분에 걸쳐 진행된 연설의 마지막에 최연소 희생자였던 여덟 살의 크리스티나 그린을 거론한다. "나는 우리 민주주의가 크리스티나가 상상한 것과 같이 좋았으면 한다. 우리 모두는 아이들의 기대에 부응하는 나라를 만들기 위해 최선을 다해야 한다"고 언급한 뒤 말을 멈춘다.

그리고는 눈시울이 붉어진 상태로 51초간 침묵하며 10초 정도 (자신의) 왼쪽 방향을 주시하고, 다시 아래의 원고를 보다가 오른쪽, 그렇게 3~4회를 반복하며 감정을 추스른 다음 어금니를 깨물고 다시 연설을 이어갔다. 이 부분에서 청중은 그의 진실된 마음을 그대로 전달받았고, 그가 침묵한 51초 동안 열 번의 기립박수로 응답했다.

그럴 때 '침묵은 확실히 금'이다. 그의 '침묵 스피치'가 얼마나 감동적이었으면 『뉴욕타임즈』는 전 국민을 울린 그의 연설을 "재임기간 중 가장 극적인 순간의 하나로 기억될 것"이라며 호평했고, 오바마를 맹비난해오던 보수진영의 대표적인 논객 글렌 벡Glenn Beck조차 "오바마 대통령이 했던 연설 중 최고일 것"이라 극찬했다.

또한 얼마나 멋진 스피치였으면 2008년 미국 대통령 선거에서 오바마와 맞붙어 패장敗將이 된 존 매케인John McCain 상원의원(마침 그의 지역구가 애리조나주이다)조차 『워싱턴포스트』에 기고를 하여 "오바마 대통령은 희생자들의 명예를 높이는 동시에 감동시켰고, 슬픔에 잠긴 미국을 위로했다"고 칭찬했겠는가.

이렇듯 스피치는 꼭 말이 아니어도 된다. 감정에 솔직한 스피치야말로 이심전심의 스피치가 될 수 있다. 솔직한 것이 사람의 마음을 파고든다. 떨리면 떨린다고 말하라. 말솜씨가 나쁘면 나쁘다고 말하라. 눈물이 나면 울고, 목이 메면 침묵하면 된다. 우리는 오바마에게서 그것을 배운다.

노래를 부른 오바마

2015년 6월 17일, 미국의 사우스캐롤라이나주 찰스턴의 엠마뉴엘 A.M.E. 교회에서 총기난사 사건이 또 발생했다(하여튼 미국은 총기난사 사건이 자주 일어난다). 백인우월주의에 사로잡힌 21세의 백인 청년이 총기를 난사해 흑인 아홉 명이 사망한 사건이다. 그리고 며칠 뒤인 26일에 희생자 중 한 사람인 클레멘타 핑크니Clementa Pickney 목사의 장례식에서 오바마 대통령이 추모연설을 했다. 스피치의 진수가 어떤 것인지를 알려거든 그 동영상을 꼭 보기를 권한다. 아니 꼭 봐야 한다.

추모사를 하던 오바마는 "어메이징 그레이스Amazing grace"라고 두 번 말한다. 희생자들에게 '놀라운 은총'이 있기를 바란다는 의미일 것이다. 그 한마디에 청중이 반응하기 시작한다. 그리고 10여 초 침묵을 하던(또 침묵 스피치다) 오바마는 찬송가 「어메이징 그레이스」를 부르기 시작한다. 그 노래는 미국인의 영적인 국가國歌라고 불리는 것이며, 우리에게도 익숙한 찬송가다. 이 돌발적인(?) 사태에 뒤에 배석해 있던 목사들이 환하게 웃으며 탄성을 지른다(우리나라 같으면 그 상황에서 '웃었다'고 난리가 났을 것이다. 하여튼 처신, 아니 표정조차 느끼는 대로 하기 힘든 대한민국이다).

"놀라운 은혜, 이 얼마나 감미로운가. 나 같은 비참한 사람을 구해 주셨네."

반주도 없이, 별로 잘하지도 못하는 노래실력으로 즉석에서 오바마가 노래를 부르기 시작하자 영결식장에 있던 모든 악기가 오바마 대통령의 노래에 맞춰 즉흥연주를 시작했고, 성가대를 비롯한 6,000여 명의 추모객이 기립하여 찬송가를 합창하였다. 참 멋지고 감동스런 장면이었다. 그 자리에 참석한 이들은 물론이요, TV로 이 광경을 지켜보던 미국 국민들까지 눈물을 흘리게 만든 명스피치다.

그렇게 오바마 대통령은 1분 남짓 찬송가를 부른 뒤 이어서 사건의 희생자 아홉 명의 이름을 한 사람씩 불러 "그들이 신의 은총을 받았다"고 말함으로써 또 사람들의 심금을 울린다.

어떤가? 이는 말재주와 관련이 없다. 오히려 연출력에 가깝다. 스피치란 핏대를 올리며 열변을 토하는 게 아니다. 상황에 따라 오바마처럼 할 수 있어야 한다. 침묵 스피치를 할 수도 있고, 노래를 부를 수도 있다.

강조하지만, 당신이 말재주는 없어도 스피치에 관심이 있다면 그 동영상을 꼭 보기를 다시 권한다. 많은 것을 느끼고 배울 것이다. 그것을 가슴에 확실히 새겨두고 적절한 기회에 활용하기를 바란다. 그 정도의 성의와 노력 없이 어떻게 좋은 스피치가 가능하겠는가. 더구나 말재주도 없으면서.

인간적인 소박함을 드러내는 기법

스피치의 귀재 버락 오바마 전 대통령이 8년 동안의 임기를 채우고 퇴임을 열흘 앞둔 2017년 1월 10일 시카고에서 고별연설을 했다. 이 스피치를 보면 정말이지 오바마에게서 스피치의 정수를 또다시 느낄 수 있다.

대형 컨벤션센터 매코믹 플레이스에서 2만여 명의 청중을 향해 던진 그의 메시지에 대하여 『워싱턴포스트』는 "민주주의에 대한 놀라운 헌사였다"고 평했을 정도로 일단 내용이 좋은 스피치였다.

50여 분 동안 70번의 기립박수를 끌어냈다니 40여 초마다 한 번씩 이라는 계산이 나온다. 그 정도로 멋진 연설이었다는 의미가 될 것 이다.

세계 최고의 연설문 전문가가 원고를 작성했겠지만, 누가 했든 스 피치에 관심 있는 사람이라면 그 연설에서 반드시 배울 것이 있다. 다른 건 그만두고 우리가 따라 할 수 있는 세 가지가 있다.

첫째는 가족에 대한 부분이다. 아내 미셸Michelle Obama을 입에 올리 자 청중들이 기립박수로 환호하는 가운데 그가 입을 연다. "원하지 도 스스로 만든 것도 아닌 역할을 지난 25년간 우아하고 고상하게, 그리고 훌륭한 유머를 갖고서 해줬다"면서 "당신은 나의 아내이자 아이들의 엄마였을 뿐만 아니라 최고의 친구였어요. 당신은 나를 자 랑스럽게 만들었고, 이 나라를 자랑스럽게 만들었어요"라고 말한다. 그러면서 바지 주머니에서 하얀 손수건을 꺼내 흐르는 눈물을 닦는 모습을 보여줬으니 감동 안 할 청중이 어디 있겠는가.

두 번째는, 조 바이든Joe Biden 부통령에 대한 언급이다. 그는 조 바 이든을 가리키며 "당신을 러닝메이트로 삼은 것은 내 첫 번째이자 최고의 선택"이라며 "내 형님"이라고 호칭한다. 스피치 현장의 상황 을 내용으로 삼아 사람들을 감동시키는 기막힌 전략이다.

세 번째는, 연설을 마무리하면서 2008년 대선 때 그가 선거구호 로 내걸었던 "Yes, We Can!"을 다시 외치며 8년의 대미를 장식한 부분이다. 스피치가 가족과 부통령에 대한 것으로 채워졌다면 너무 가볍다. 스피치는 분명한 메시지가 있어야 하는데, 그는 대통령이 될 때의 선거구호를 다시 외치면서 대미를 장식했다.

　스피치란 이런 것이다. 긴 시간 스피치를 하는 동안 거창하고 멋진 내용도 많지만, 사람의 심금을 울리고 감동과 환호를 이끌어내어 스피치의 가치를 한껏 드높이는 것은 저렇게 인간적이고 사소한 것(?)임을 알 수 있다. 이것은 말재주와 관계없는 것이다. 얼마나 솔직하게 말하느냐와 더불어 스피치의 기획을 얼마나 치밀하게 하느냐와 관계있을 뿐이다. 그것을 배워야 한다.

　덧붙여 스피치의 마무리가 얼마나 중요한지도 그의 연설에서 깨닫기를 바란다.

　(고별 연설은 유튜브 https://www.youtube.com/watch?v=sVbRe71iyDU 에서 볼 수 있다. 영어를 모르더라도 그가 얼마나 멋진 스피치를 하는지 충분히 느낄 수 있을 정도다. 스피치에 관심이 있는 사람이라면 이 동영상도 꼭 볼 필요가 있다. 이 글을 읽는 것보다 훨씬 더 스피치 감각을 키울 수 있기 때문이다.)

미셸 오바마에게서도 배우자

　이왕 오바마의 연설을 다루고 있으니 내친김에 그의 부인 미셸 오바마의 연설에 대하여도 짚고 넘어가자. 힐러리 클린턴Hillary Rodham Clinton과 도널드 트럼프Donald Trump가 맞붙은 미국 대통령 선거 때 특히 빛을 발한 것은 미셸이었다. 차기 대통령 후보로 나와도 될 것이라고 할 정도로 그녀의 연설이 인기를 끌었다. 미셸은 어떤 연설을 했던 것일까? 외신들은 특히 다음과 같은 내용에 주목한다.

"저는 매일 아침 노예들이 지은 집에서 일어납니다. 그리고 두 명의 아름답고 지적인 흑인 여성인 나의 딸들이 백악관 잔디 위에서 강아지와 함께 뛰노는 것을 봅니다."

"고조할아버지가 노예였던 저 같은 사람도 좋은 대학에 갔고, 싱글맘의 아들(오바마)은 대통령이 됐습니다."

또한 고아인 힐러리 클린턴의 어머니 얘기를 하면서 "미국은 고아의 딸이 가장 높고 단단한 유리천장을 깨고 대통령이 될 수 있는 나라입니다"라고 하기도 했다.

미국의 위대함, 미국의 진정한 가치인 다양성, 아메리칸 드림을 '노예 생활을 했던 흑인이 세월이 흘러 노예들이 지은 백악관이라는 집의 주인이 됐다'는 말과 '고아의 딸도 얼마든지 대통령이 될 수 있는 나라'라는 말로 표현한 것이다. 글로 읽어도 사람의 감성을 자극하여 가슴 뭉클하게 하지 않는가? 이 부분에서는 앞에서 분석한 바 있는 아카데미 수상자의 스피치와 일맥상통하는 부분이 있음을 알 수 있을 것이다.

오바마 스피치에서 배울 다섯 가지

오바마 전 대통령 내외의 스피치를 길게 다루었다. 많은 지면을 할애하여 그것을 다루는 이유가 있다. 이들 내외에게서 스피치의 기법을 많이 배울 수 있기 때문이다. 그들이 말재주가 있는 사람이라는 점을 감안하더라도 당신이 스피치를 할 때 적용할 원칙과 기법이 여러 가지 숨어 있기에 길게 다뤘다. 앞에서도 중간중간 언급을 했지만, 여기서 다시 한 번 종합적으로 정리를 하겠다. 당신이 잊지 않고 배울 수 있도록 말이다.

(1) 뭐니 뭐니 해도 기획이다

말재주가 없는 사람일수록 스피치의 기획이 뛰어나야 한다. 원고가 완벽해야 한다. 이것은 말재주와 관련이 없다. 노력 여하에 따라 당신도 얼마든지 좋은 스피치를 기획하고 훌륭한 원고를 작성할 수 있다.

애리조나 총기사고의 경우, 오바마 대통령은 연설을 위해 애리조나로 향하는 전용기에서 마지막까지 자신이 직접 작성한 연설문을 다듬었다고 한다. '어메이징 그레이스'도 분명히 사전에 기획되고 원고에도 포함되어 있었을 것이다. 그러고는 즉흥적인 듯이 그렇게 연출을 했을 것이다(물론 즉흥적일 수도 있지만). 스피치의 기획과 원고 작성에 대하여는 뒤에서 상세히 다루겠다.

(2) 분위기와 상황에 따라 다양한 기법을 동원한다

아무리 스피치의 기획이 좋고 원고가 완벽하더라도 현장의 분위기는 다를 수 있다. 아니, 대부분 다르다. 그럼에도 불구하고 센스 없이 원고대로만 말한다면 결코 좋은 스피치가 될 수 없다.

내 방식 스피치

우리는 할 말, 못할 말을 구분하지 못하면 "분위기 파악을 못한다"고 편잔을 준다. 스피치도 마찬가지다. 분위기에 맞추는 것이다. 그 대표적인 예가 장례식 추도사에서 「어메이징 그레이스」를 선곡한 것이다. 흑백갈등이 극에 달했던 미국의 남북전쟁 당시에 남북을 가리지 않고 사망자를 추도하며 상처받은 사람들을 위로하던 노래를 부름으로써 분위기를 최고조로 끌어올리는 스피치가 되었다.

(3) 자신의 감정을 솔직하게 표현한다

대단한 인물도 아니면서 현학적인 표현을 하거나 마음에 없는 소리를 해서는 안 된다. 그냥 솔직담백하게 말하는 게 좋다. 뿐만 아니라 자신의 감정을 솔직히 표현하여 슬프면 눈물을 흘리고, 흥이 나면 노래를 불러도 된다. 오바마는 그런 면에서 탁월하다. 대통령이라고 폼을 잡거나 거만한 표정으로 말하지 않는다. 그냥 마음씨 좋은 '날씬한 흑인 아저씨'다. 좌우를 살피며 웃고 싶으면 웃고, 울고 싶으면 울면서 이야기하듯 말한다. 그가 어조의 강약에 변화를 주며 물흐르듯 말하는 것은 타고난 말재주에 속하기 때문에 배우기가 힘들다 하더라도(사실은 그런 정도는 배워야 한다), 감정에 솔직하게 이야기하듯 자연스럽게 말하는 것이야 어려울 게 없지 않은가.

(4) 일상의 사례를 동원한다

말재주가 없는 사람일수록 거창한 이론을 말하려 한다. 그럴수록 스피치는 청중의 마음을 떠나 겉돈다. 오바마 내외는 친근한 스토리로 이야기를 풀어간다. 공식적인 자리에서 아내를 칭찬하고 부통령을 향해 "내 형님"이라고 말하는가 하면, 미셸은 백악관의 일상을 스피치에 담아 소개한다. "나는 매일 아침 노예들이 지은 집에서 일어납니다." 이런 식이다.

(5) 마지막으로 연출력이다

오바마 내외는 이 점에서 매우 뛰어나다. 「어메이징 그레이스」를 부를 때 보면, 연설을 하다가 뜬금없이 갑자기 노래를 부르지 않는다. 노래를 부르기 전에 "어메이징 그레이스!"라고 두 번 말한다. 이건 대단한 연출력이다. 갑자기 노래를 부르는 게 아니라, 그 노래를 부르기 위한 도입부로써 청중들에게 일종의 암시를 하는 것이다. "어메이징 그레이스"라고 선언을 함으로써 청중들에게 같은 제목의 찬송가를 생각나게 했을 것이다. 그러고는 잠시 10여 초 동안 뜸을 들인다. 침묵한다. 청중들은 그가 무슨 말을 할 것인지 촉각을 곤두세울 것이다. 그런데, 아! 노래가 나오다니.

이런 연출력은 대개의 경우 말재주 좋은 사람들의 특기다. 그러나 그런 연출이 꼭 재주만은 아니다. 말재주 없는 당신도 신경 써서 스피치를 한다면 얼마든지 활용이 가능하다.

"오바마처럼 스피치를 잘하고 싶은가?

그런데 말재주가 없다고?

재주없음을 탓하지 말라. 노력이 없음을 탓하라.

정말 멋진 스피치를 하고 싶다면

당신의 한계와 특징을

잘 파악하고 그에 맞춰서 완벽한 기획을 먼저 하라.

그것이 문제의 핵심이다."

스타 강사 따라하기

설민석이 말하는 내 방식 스피치

- -

　설민석. 「위키백과」에 의하면 그는 1970년생이다. 나이보다 훨씬 젊어보이는 그는 역사학자도 아니면서 '국민 역사선생'이라는 별칭을 얻었다. 20년 전 보습학원 강사에서 출발한 그는 아예 한국사 전문 교육기업까지 차렸다. 자신의 호를 따서 '태건太建에듀'라고. 아마 당신도 그의 역사강의 또는 해설을 TV를 통해 보았을 것이다. 그대로 빨려 들어간다. 그에게서 우리가 얻을 수 있는 교훈은 여러 가지다. 그중의 하나, 그가 말한 강의 요령인데, 그것은 스피치를 잘하는 요령으로 그대로 적용가능하다. 그래서 소개한다.

　『조선비즈』와의 인터뷰(2015. 1. 24)에서 기자가 '강의비법'을 말해

달라고 했을 때 그가 이렇게 답했다. 정리하면 이렇다.

자기 자신을 살리는 게 최고의 비결

"후배 강사들이 '선배님처럼 되고 싶다'고 한다. 하지만 '누구처럼'보다는 자기 자신의 장점을 살리는 게 맞다. 내 경우는 이런 재능을 타고났다. 쇼맨십이 좋은 거다. 그래서 강의할 때 그림도 그리고, 노래도 하고, 성대모사도 한다. 내 재능을 최대한 살려 활용하는 것이다. 물론 다른 재능이 있는 선생님도 많다. 그런 분은 자신만의 비법으로 강의를 끌어간다. 자기 모습이 아닌 걸 무작정 따라 하면 결과가 좋지 않다. 자기 자신을 살리는 게 최고의 비결이다."

그의 말을 듣고 기자가 보챘다. 그래도 "나만의 강의 노하우가 있지 않냐?"고. 그에 대하여는 이렇게 대답했다.

"무엇보다 재미있는 강의를 만들기 위해 노력한다. 하지만 모든 강의의 바탕이 되는 건 풍부한 독서다. 학생들과 수업할 때 가장 많이 활용하는 건 적절한 비유다. 설명을 할 때는 비유를 많이 써야 한다. 그 비유의 바탕이 되는 게 지식이다. 그래서 역사서와 인문학 서적을 평소에 많이 읽는다. 그래야 적절한 비유가 제때 나온다."

바로 이거다. 비즈니스 스피치도 똑같다. '누구처럼' 따라하지 말고 자신의 장점, 재능을 살려 자신만의 비법으로 하면 된다. 내가 주장하는 '내 방식 스피치'를 하면 된다. 필요하다면 노래도 부르고 성대모사도 하는 거다. 춤을 춘들 누가 뭐라겠는가. 아니 누가 뭐라는 게 아니라 폭발적인 인기를 끌 것이다. 스피치라고 해서 마치 대통령이 연두교서 발표하듯이 딱딱할 이유가 없다. 대통령의 연설은 그나마 전문 스피치라이터가 써주는 것이라 좋은 표현이나 뉴스가 될 만한 알맹이라도 있지만, 시장·군수 등을 비롯한 많은 고관대작들이 행사에서 행하는 천편일률적이고 무미건조한 스피치를 흉내 낼 필요는 더더욱 없다.

그리고 그가 뭐라고 했나. 비유를 하라고 했다. 스피치도 마찬가지다. 비유란 곧 이해하기 쉽게 스토리텔링을 하라는 것이요, 사례로 말하라는 것이다. 그리고 그가 또 뭐하고 했는가. 그 비유를 위해 책을 많이 읽는다고 했다.

자, 정리하겠다. 스타강사 설민석 씨에게서 가슴 깊이 한 수 배워라. 당신의 방식으로 하라. 말재주가 없다면 그밖에 어떤 재주가 있는지 찾아내라. 아무 재주도 없다고? 아니다. 잊고 있거나 또는 '그 재주'가 스피치 방식에 활용가능한 재주인지를 모르고 있을 뿐이다.

이제 당신이 방치하고 있던 그 재주를 어떤 상황의 어떤 스피치에 활용할 수 있을지 고민해야 한다. 그냥 되는 게 아니다. 책도 많이 읽어야 한다. 내공 없이 잔재주를 부리면 곧 탄로나고 말 테니까. 공은 당신에게 넘어갔다.

"설민석 씨의 인터뷰를 정리하면 이렇다

'누구처럼' 하려 하지 말고 당신의 방식으로 하라.

자신의 재능을 최대한 살려 활용하라.

자신만의 비법으로 하라.

적절한 비유법을 사용하라.

책을 많이 읽어리. 지식이 없이 좋은 스피치는 안 된다.

풍부한 독서로 풍부한 지식을 갖춰라."

영화에서도
한 수 배우자

다양한 방법을 동원하기

　이 책을 쓰던 어느 일요일. 잠시 컴퓨터를 떠나 EBS가 보여주는 영화를 봤다. 『네 번의 결혼식과 한 번의 장례식』이라는 묘한 제목의 영화였다. 그 영화에 대한 사전 정보가 없었기에 별 관심이 없었으나 크리스마스 즈음이면 TV에서 매년 보여주고 있는 『러브 액츄얼리』의 주인공인 휴 그랜트Hugh Grant가 나온다고 해서 화면에 초점을 맞추었다.

　1994년의 작품이니까 거의 4반세기가 지난 것이었는데 알고 보니 이 영화가 휴 그랜트를 일약 국제적 스타로 떠오르게 한 명화란다. 네 번의 결혼식보다도 한 번의 장례식이 가슴을 뭉클하게 했다.

주인공 찰스(휴 그랜트)이 친구(동성애자다)가 파트너(당연히 남자다)의 장례식에서 그를 떠나보내며 하는 조사弔辭가 압권이었다. 우리네처럼 형식적이고 입에 발린 이야기를 하는 게 아니라(평소에는 흉보며 욕하던 사람을 갑자기 극구 청송하는), 사람들이 그를 평하는 이야기를 가감 없이 들려주며 그를 추모한다(이게 바로 사례나 사연으로 스피치를 하는 것이다).

그러고는 영국의 시인 W. H. 오든Wystan Hugh Auden이 1936년에 발표한 「장례식 블루스Funeral Blues」라는 16줄의 시 전문을 낭송한다. 조사에 이어 16줄이나 되는 시를 읊으니 꽤 지루하겠다고? 기회 있으면 영화의 그 장면을 꼭 보시라. 가슴이 뭉클할 뿐더러 '조사를 저렇게 할 수도 있구나' 한 수 배운다. 조사를 제외하고 시만 소개하겠다. 아마도 그 분위기를 느낄 수 있으리라.

장례식 블루스

모든 시계를 멈춰라, 전화를 끊어라,
개에게 기름진 뼈다귀를 주어 못 짖게 하라,
피아노를 연주하지 말고 북은 소리를 죽여
관을 가져오고 조문객들을 맞으라.

비행기를 머리 위에 띄워 탄식하게 하며
하늘에 "그가 죽었다"는 글자를 쓰게 하라.

비둘기들의 흰 목에 검은 상장喪章을 두르고,
교통경찰에게 검은 면장갑을 끼게 하라.

그는 나의 동, 서, 남, 북이었다.
내 일상의 일, 내 일요일의 휴식이었다.
나의 정오, 나의 자정, 나의 대화, 나의 노래였다.
사랑이 영원하리라 생각했으나, 내가 틀렸다.

이제 별들은 필요 없다. 모두 다 꺼버려라.
달도 치워버리고 해도 없애버려라.
바닷물도 빼버리고 숲도 없애버려라.
이제는 그 어느 것도 다 소용이 없나니.

그렇다. 스피치에 일정한 형식은 없다. 오바마 대통령은 노래를 부르지 않았던가. 그러니 시를 낭송하는 것은 훨씬 더 스피치적(?)일 것이다. 내 친구 중에도 건배사를 하거나 또는 송별회를 할 때 꼭 시 한 수를 읊는 이가 있다. 당연히 돋보인다(한 가지 중요한 것은 즉석 스피치의 경우 원고가 없다 보니 긴장한 나머지 시를 중간에 까먹는 경우가 있다. 이 점만 유의하면 된다).

스피치에 시를 읊은 사례를 말하다 보니 영화는 아니지만 또 하나의 사례가 떠오른다. 내가 일하던 농협의 최고위 간부가 퇴임을 하면서 한 퇴임사다. 인터넷에 '감동의 퇴임사'를 검색하면 나온다. 그는 35년의 직장생활을 마감하면서 그동안의 보살핌에 감사함과 더불어 후배와 직장에 대한 사랑을 전한 후,

"이제 저의 양복 깃에 꽂은 농협 배지는 떼지만, 제 가슴 속에 깊이 꽂힌 배지는 죽을 때까지 박혀 있을 것"이라며 직장을 떠나는 아쉬움을 미국 시인이자 소설가인 마야 안젤루Maya Angelou의 「오직 드릴 것은 사랑뿐이리」라는 시로 읊었다.

꽃은 피어도 소리가 없고
새는 울어도 눈물이 없고
사랑은 불타도 연기가 없더라.
장미가 좋아서 꺾었더니 가시가 있고
친구가 좋아서 사귀었더니 이별이 있더라.
나! 시인이라면 그대에게 한 편의 시를 드리겠지만,
나! 목동이라면 그대에게 한 잔의 우유를 드리겠지만,
나! 가진 것 없는 가난한 자이기에 오직 드릴 것은 사랑뿐이리.
(노컷뉴스, 2015. 12. 29.)

"당신이 잘할 수 있는 것을 스피치에 담아라.
노래도 좋고 시도 좋다.
나는 스피치 도중에 싸이의 말춤을 보여준 적도 있다."

반드시 극복해야 할 기본 세 가지

필수적인 기본은 훈련을 쌓아야 한다

앞에서 스피치의 고수들이 어떻게 스피치를 하는지 배웠다. 그들이 타고난 말재주가 있고 없고를 떠나 그들의 방식에서 배울 것은 확실히 배워야 한다. 좋은 기법 유용한 요령은 당신의 것으로 수용해야 한다. 그리하여 비슷한 상황과 맞닥뜨리면 그들의 방식을 활용하면 된다.

'내 방식 스피치'라고 해서 '내 멋대로 스피치'는 아니다. 스피치에는 어쩔 수 없이 누구나 지켜야 할 기본이 있다. 아무리 '내 방식 스피치'라고 하지만 지킬 것은 지켜야 한다. 그것이 바탕되지 않으면 그때는 '내 방식 스피치'가 아니라 제멋대로 스피치가 된다. 그렇게 되면 당연히 청중의 마음을 사로잡을 수 없다.

따라서 이 장에서는 말재주 없는 사람일지라도 제대로 된 스피치를 하려면 반드시 극복해야 할 기본에 대하여 다루겠다. 지켜야 할 기본은 여러 가지 있지만 말재주 없는 당신에게 많은 요구를 하면 감당하기 어려워 포기할 수 있으므로 딱 세 가지만 요구하겠다.

적어도 좋은 스피치를 하고자 하는 사람이라면 이것은 꼭 받아들이고 훈련을 통하여 체화하기를 바란다. 이 세 가지를 극복해야만 단상에서 제대로 스피치를 할 수 있으니까 말이다.

문제는 자신감이다

스피치가 별거냐, 주눅 들지 마라

장면을 상상해보자. 어떤 모임이다. 동창회라도 좋고, 아니면 회사의 회식장소라도 좋다. 또는 팀원들에게 프레젠테이션 하는 장면을 상상해도 좋고, 연설 현장을 떠올려도 좋다.

드디어 스피커가 등장한다. 마이크를 잡는다. 그리고 입을 열어 스피치를 시작한다. 이때 청중들은 불과 1~2초 사이에 스피커에 대한 1차 판단이 끝난다. 그것을 첫인상이라고도 한다. 그 첫인상에서 스피커에 대한 판단을 내린다는 말이다. 동의하시는가? 그럼 무엇을 보고 판단을 내릴까? 그 사람의 얼굴일까? 태도일까? 목소리일까? 말투일까? 그 모든 요소가 믹스된 것이다. 그 믹스된 결과를 나는 이렇게 표현한다.

포스!

말을 잘할 것 같은 사람에게서는 어떤 힘을 느끼게 된다. 말을 잘할 것 같은 느낌이다. 무엇으로 그런 느낌을 받게 될까? 자신감이 겉으로 드러나 청중에게 전달된 것이다. 이렇게 되면, 일단 그 스피커는 합격점이다. 출발은 됐다. 어떤 말을 어떻게 할 것인지는 다음의 문제요 이후의 과제다.

거꾸로 따져보자. 말을 못하는 스피커는 바로 이 첫인상 – 포스가 드러나는 인상 – 에서부터 한풀 꺾이고 들어간다. 등단하여 마이크를 잡고 청중을 바라보는 것에서부터 왠지 불안하다. 그리고 한두 마디가 시작되면 청중은 이미 '별 볼일 없는' 사람으로 치부해버린다.

이렇듯 스피치에 있어서 자신감이 넘치는 인상을 주는 것은 매우 중요하다. 당신은 스피치에 임하면서 당당한가? 자신감이 드러나는가? 이것은 말재주와 상관없다. 그러니 당신도 잘할 수 있다.

강조하지만 당신이 스피치를 배우려고 함에 있어 가장 먼저 터득해야 할 것은 자신감이 넘치는 (아니 넘치지는 않더라도 최소한 자신감이 있어 보이는) 인상을 주는 것이다. 자신감이 없을 때 자신감이 있어 보이게 하는 것이야말로 프로의 자세다. 그럼 어떻게 하여 청중들에게 자신감 있는 인상을 보여줄 수 있을까? 요령은 이렇다. 지금 그 자리에서라도 한번 연습을 해보라.

- 연단에 나갈 때부터 가슴을 펴고, 당당하게 걷고, 바르게 선다.
- 긴장감을 감추기 위해서라도 일부러 미소 띤 표정을 한다. 일부러라도 웃으면 여유를 가질 수 있다.
- 청중을 확실하게 바라본다. 눈의 초점을 허공에 두면 안 된다. 청중 한 사람 한 사람과 눈을 마주친다는 생각으로 분명하게 똑바로 봐야 한다. 아는 사람이거나 친근한 얼굴이 발견되면 그와 눈을 맞추고 눈인사를 하듯이 미소를 보내라.
- 눈이 마주친 상태에서 천천히 스피치를 시작한다. 처음이 중요하다. 꼭 그렇게 하라. 그렇게 청중을 고루 보면서 스피치를 시작하라. 당신의 마음속에 자신감이 없더라도 청중들은 대단히 자신감 있는 사람으로 당신을 보게 될 것이다.
- 발음은 분명하게 한다. 그리고 확신에 찬 목소리로 시작한다.

진짜 자신감은 준비에서 나온다

단상에 등단하여 청중을 바라보면서 청중들로 하여금 자신감을 느낄 수 있도록 하라고 했다. 그러나 진짜 자신감은 내면으로부터 나온다. 아무리 폼을 잡으면 뭐하는가? 금방 들통이 날 것인데 말이다.

실제로 스피치에 주눅 드는 사람들은 왜 그럴까? 말주변이 없어서 그렇다고? 말주변이 없는 사람은 스피치라면 일단 움츠러들기 마련이다. 자, 그렇다면 좀 따져보자. 왜 움츠러드는가? 그 이유는 이렇다.

첫째는 말주변이 없다고 생각하기 때문이다(실제로 말주변이 없을 수 있다).

둘째는 욕심이 커서다. 실력이나 준비는 없으면서 청중을 휘어잡는 명스피치를 하려니까 자신감이 없어진다.

셋째는 스피치에 대한 막연한 공포다. 때로는 언젠가 말을 제대로 못해서 창피했던 경험 때문일 수도 있다. 이를테면 일종의 트라우마가 작동하기 때문이다.

넷째는 콘텐츠가 없어서다. 즉 이야기할 것이 별로 없기에 그렇다.

다섯째는 스피치에 대한 준비가 덜 됐기 때문이다. 이야기할 실력이 없으면 준비라도 철저히 해야 하는데, 그것조차 덜 됐으니 자신감이 없고 움츠러들 수밖에.

이렇게 분석을 해놓고 하나씩 점검해보자.

첫째, 말주변에 대한 것은 어쩔 수 없으니 일단 제쳐두자.

둘째의 '욕심'과 관련해서는 해결책이 있다. 욕심을 거두면 된다. 말주변도 없는 사람이 한마디 말로 청중을 휘어잡으려는 것 자체가 무모하다. 아니, 말주변이 좋다는 사람들도 그렇게 청중을 휘어잡는 명스피치를 하는 경우는 평생에 몇 번이다. 마이크만 잡으면 항상 명스피치를 하는 사람이 세상에 몇이나 있겠는가. 수십 년 동안을 말과 더불어 살아왔고 그런대로 말주변을 타고났다고 생각하는 나도 내심 크게 만족한 스피치는 열 손가락으로 꼽을 정도다. 겸양의 소리가 아니다. 실제로 그렇다. 그러니 욕심을 버려라.

당신이 생각하는 것,

하고 싶은 말,

분위기와 현장에 어울리는 말,

청중이 호감 있게 받아들이는 말,

그리고 나중에 설화에 휘말리지 않을 말을 하면 된다.

그 정도의 목표면 충분하다. 그렇지 않은가? 그러니 욕심은 묻어 두시라.

다음은 셋째. 예전의 잘못된 기억 때문에 자신이 없고 두려움에 떤다고? 세상에나! 그까짓 스피치 갖고 그럴 이유가 없다. 스피치가 스피치지 뭐 대단한 것인가? 별거 아니다. 그러니 예전의 기억을 깡그리 잊어라. 오히려 그 기억 때문에 스피치를 좀 잘해보려고 이 책을 읽고 있는 것 아닌가. 트라우마는 그 정도의 동력으로 삼으면 그뿐이다. 이제 됐는가(막연한 '연단공포'에 대하여는 뒤에서 상세히 다룬다)?

그렇다면 남은 것은 넷째(콘텐츠)와 다섯째(준비)다. 이거야말로 자신감을 갖지 못하게 하는 근본적인 이유다. 즉 실력이 없고 준비가 없어서다. 따라서 당신이 스피치를 잘해보고 싶은데 말재주가 없다면 넷째와 다섯째에 승부를 걸면 된다. 그것이 말재주 없는 사람이 걸어가야 할 길이다. 스피치에 활용할 자료가 있고 준비만 충분히 한다면 당신은 얼마든지 좋은 스피치를 할 수 있다. 따라서 자료를 충분히 챙기고 준비를 철저히 하도록 하자. 그렇게 했다면 이제 자신감을 가져도 된다. (스피치를 어떻게 준비할 것인지는 뒤에서 상세히 다룬다.)

"스피치를 할 기회가 있다면

열심히 자료를 챙기고 준비를 철저히 하자.

자신감은 말주변에서 나오는 게 아니라 준비에서 나온다.

필요하다면 원고를 작성하여

혼자서 스피치 연습을 해보는 것도 좋다."

떨려서
못하겠다고?

스피치 공포를 극복하는 법

그는 심각하게 말했다.

"저는 다른 건 그렇다 치고 떨려서 스피치를 못하겠습니다. 그게 제일 문제입니다."

그런 이가 의외로 많다. 말재주가 없는 사람은 더욱 그렇다.

말재주가 없는 사람이 스피치를 하려면 이중의 공포에 시달린다. 하나는 '말재주가 없다'는 것 자체에서 오는 두려움이다. '이거 큰일인데……, 나는 말재주가 없거든. 어떻게 하면 좋지?' 그렇게 생각할수록 두려움은 커질 수밖에 없다. 허락만 된다면 스피치를 안 하고 싶을 것이다. 그러나 어쩌겠는가? 단상에 올라 마이크를 잡아야 할 시간이 다가오는데 말이다.

또 하나의 공포는 '연단공포'라고 하는 것이다. 말재주가 있고 없고를 떠나 일단 연단에 올라 남 앞에 서야 하는 상황에서 누구나 느끼는 두려움이다. 강연공포, 청중공포, 발표공포, 무대공포, 스피치공포, 프레젠테이션공포, 시선공포, 직전공포(남 앞에 서기 직전의 공포)라고도 한다.

"많은 사람들 앞에서는 호랑이도 떤다"는 말이 있다. 캐나다 토론토 대학에서 사람이 느끼는 두려움과 강도에 대하여 조사했는데, 대중 앞에서의 연설이 41%, 고소高所공포 32%, 금전문제 22%, 깊은 물 22%, 질병 19%, 죽음 19%, 어두움 8%의 순이었다. 연설이 죽음보다도 더 무섭다는 것은 '허풍'이겠지만 어쨌거나 연설공포의 강도가 그 정도로 심하다는 것을 상징적으로 나타낸 것이라 하겠다. 심리학자 윌리엄 리버스William H. Rivers는 이를 가리켜 '집단에 대한 개인의 본능적인 공포반응'이라고 멋지게 이름 붙였다.

정도의 차이는 있지만 거의 모든 사람들이 이런 공포심을 갖는다. 무대에 서는 것이 일상화됐을 세계적인 성악가 파바로티Luciano Pavarotti와 수많은 관중들에게 노출되는 것을 즐길 것 같은 농구 스타 마이클 조던Michael Jordan도 '직전공포'를 느낀다고 고백한 적이 있다. 다문 입술과 카리스마 있는 얼굴로 세계대전을 승리로 이끈 처칠Winston Churchill수상도 남 앞에 나서서 연설을 할 때는 "떨려서 혼났다"고 말할 정도였고, 영화 『킹스 스피치』의 실제 모델인 영국의 조지 6세George VI는 천하에 두려울 것이 없는 영국의 왕이었는데도 사람들 앞에서 말을 하려면 떨었다.

사람들 앞에 서려면 누구나 이렇게 떨린다. '아닌데? 얼마 전, 우리 회사의 교양강좌 시간에 명강의를 하던 강사는 그런 공포가 전혀 없는 것 같던데……'라고 생각할 수 있다. 그러나 그것은 겉보기에 불과하다. 40년 가까이 수많은 강의를 하고, 심지어 TV에서 생방송으로 수십 차례 강의를 한 나도 언제나 연단공포, 직전공포를 느낀다. 청중 앞에 서서 마이크를 쥐고 스피치를 하려면 심장박동이 달라진다. 이런 이야기를 하면 모두들 내게 말한다. "전혀 그렇게 안 보였다"고. 심지어 거짓말이라고. 뭣 때문에 거짓말을 하랴. 그들이 눈치 채지 못했을 뿐이지 속으로 얼마나 떠는지 모른다. 결코 당신을 위로하기 위해 그렇게 말하는 게 아니다.

내가 강사들의 모임인 강사협회 회장으로 있을 때 많은 프로 강사들을 만나 대화를 나누면서 확인한 것도 '누구나 연단공포를 갖고 있다'는 사실이다. 그러니 안심하시라. 당신의 연단공포는 지극히 정상적인 반응이니까. 스피치를 앞에 두고 공포를 못 느끼는 사람이 있다면, 그 사람이야말로 비정상이다. 그는 '철면피'이거나 '불감증 환자'다. 아니면 될 대로 되라는 '막가파'일 것이다.

연단공포를 잘 활용하는 법

연단공포는 양면성이 있다. 그 두려움으로 인하여 스피치를 망칠 수 있지만, 그럼에도 불구하고 그 두려움과 긴장감이 오히려 더 좋은 스피치를 하게 하는 동력이 될 수도 있다. 두렵기에 그만큼 더 스피치 준비를 충실하게 하니까 말이다. 사정이 이런데도 사람들의 머릿속에는 후자의 효과가 전혀 들어오지 않는다. 전자의 두려움이 큰 문제로 가슴을 짓누른다.

어쨌거나 두려움을 느끼게 되면 혈관 속을 흐르는 아드레날린의 수치가 급격히 올라가는데, 어떤 사람은 그런 현상을 누그러뜨리기 위해 약을 복용하고 스피치에 나서기도 한다. 그러나 정말로 심장에 문제가 있는 사람이 아니라면 결코 권장할 수 없는 방법이다. 나도 청년 시절에 큰 행사를 앞두고 약을 복용한 적이 딱 한 번 있었는데, 약 때문인지는 몰라도 두뇌의 회전과 감각이 무뎌지면서 오히려 스피치를 망쳐버렸다. 참고하자.

자, 그럼 이를 어떻게 극복해야 할까? "잔소리 그만하고 어떻게 하면 두려움을 벗어날 수 있는지 빨리 결론을 말하라"고? 그런 성깔, 그런 조급증이 바로 문제다. 느긋하게 생각하라. '그래, 떨리면 떨리는 대로 해보자. 망쳐봤자 스피치다. 이게 뭐 대순가?'라고 생각하며 해결책을 만나보자.

연단공포를 어떻게 극복할 것인가를 다룬 책과 전문가는 많다. 그러나 그 방법이란 것이 별게 아니다. 모두 비슷한 주장을 한다. 당연히 그럴 수밖에 없다. 연단공포의 원인과 처방이 원래 간단하기 때문이다. 여기서는 전문 연설가이며 화술의 대가인 릴리 월터스

Lilly Walters의 방법과 『TED Talks』의 저자이며 TED의 대표인 크리스 앤더슨Chris Anderson의 기법을 중심으로 조언을 하겠다. 그 두 가지 방법에 모든 대책이 다 있다고 생각하기 때문이다.

먼저 릴리 월터스의 요령이다. 그는 "연설공포는 사전준비와 연습을 통해 75%, 심호흡을 통해 15%, 마음의 준비를 통해 10% 정도 극복된다"고 했는데 좀더 설명을 하면 이렇다.

(1) 떨릴수록 사전준비를 철저히

그의 처방은 '준비'다. 콘텐츠의 준비에서부터 실제로 스피치를 해보는 연습까지를 모두 포함한다. 연단공포의 75%는 이것으로 해결된다고 했다. 스피치를 앞두고 왜 떨리는지 근본적인 이유를 생각해보자. 이유는 간단하다. 청중 앞에서 떨린다는 것은 자신이 없기 때문이다. 왜 자신이 없는가? 실력이 부족해서다. 왜 실력이 부족한가? 준비가 부족해서다. 고로, 청중 앞에서 떨리는 것은 낯선 사람, 대중들 앞에 서면 누구나 당연히 떨리는 것을 제외하면, 결국 준비부족 때문이라는 결론이 나온다. 이 말을 거꾸로 하면, 즉 스피치 공포를 겪지 않으려면 준비를 완벽하게 해서 빨리 남 앞에 서고 싶을 정도가 되면 된다는 이야기다.

(2) 심호흡

준비와 연습을 했는데도 떨리면 어떻게 하냐고? 사실은 이게 문제다. 아무리 준비를 하고 연습을 했어도 직전공포에 시달린다. 이

　　　　　　　　　　　　　　　　　　　　　　　내 방식 스피치

것의 해결방법으로 대부분의 전문가들이 추천하는 요령이 심호흡이다.

하버드대학교의 심리학자 조앤 보리센코 Joan Borysenko는 심호흡이야말로 불안에서 벗어나는 가장 효과적인 방법이라고 했다. 우리의 몸과 마음이 숨쉬기에 집중하면 불안한 생각이 들 여지가 없다는 것이다. 이때의 호흡법은 가슴으로 숨쉬는 흉식호흡이 아니라 배로 숨쉬는 복식호흡이어야 한다.

스피치를 시작하기 전, 순서를 기다리며 편안한 자세로 앉아 눈을 지그시 감고 손을 배꼽 부근에 올려놓는다. 그리고 배 깊숙이 숨을 들이마시고 내쉴 때는 한숨을 쉬듯 내뱉는다. 이렇게 자신의 호흡방법을 의식하면 긴장을 줄이는 데 도움이 된다.

심호흡을 할 때 '긍정적인 자기대화'를 하면 더욱 효과적이다. 긍정적인 자기대화란 자기 스스로에게 마음을 가라앉히는 말을 하는 것이다. 일종의 최면술이다. "이미 충분히 준비했잖아. 자, 떨지 말고 잘해보자. 난 할 수 있어" "여유를 갖자. 흥분하지 말자. 나는 잘할 수 있다. 두렵긴 뭐가 두렵냐. 청중은 청중일 뿐이다. 당당하자" 그렇게 자기설득을 하면서 자기 능력에 확신을 갖고 스피치에 집중할 수 있다.

(3) 마음의 준비

세 번째 방법은 '마음의 준비'를 하는 것이다. 떨리는 것을 당연한 것으로 받아들이라는 말이다. 두려움을 자연스런 현상으로 각

오하라는 것이다. 앞에서 이야기했듯이 불감증환자가 아닌 한 모든 이가 스피치 공포를 느낀다. 청중이 있으므로 떨린다. 시선이 집중되므로 떨린다. 시작 직전이기에 떨린다.

스피치 공포는 말하는 것 자체에 대한 공포라기보다 평가받는 것에 대한 공포다. 남으로부터 비웃음을 사고 창피당할 것에 대한 공포다. '실수를 하거나 망가질지 모른다'는 데에 대한 두려움이다. 그렇다면 해결책이 나온다. 발상을 바꿔서 '실수 좀 하면 어때?' '망가지면 어때?'라는 배짱이 필요하다.

'아이러니 효과ironic effect'라는 게 있다. 생각을 안 하려고 애쓸수록 생각이 더 나는 현상을 말한다. '떨면 안 돼, 떨면 안 돼' 하며 떨지 않으려고 무진 애를 쓸수록 더 떨린다. '난 할 수 있어' '여유를 갖자' '두렵긴 뭐가 두렵냐'라고 긍정적인 자기대화도 중요하지만, 때로는 '떨자, 떨자, 두려워하자'라고 자신을 위로하는 것도 하나의 방법이 된다.

어떤가? 도움이 될 것 같은가? 릴리 월터스가 '준비'에 초점을 맞춘 반면, 크리스 앤더슨 TED 대표는 물을 마시거나 가벼운 운동, 또는 떨리는 것을 고백하라는 등의 다양한 방법을 권했다. 그의 방법에 내가 경험한 것들을 결합하여 종합적으로 정리하면 다음과 같은 '스피치 공포 극복요령'이 나온다. 이런 요령 중에서 당신에게 가장 효과적이라고 생각되는 것을 선택하여 활용하면 된다. 혹시 당신 특유의 방식, 당신만의 비법이 있다면 그대로 하면 되고.

스피치 공포를 극복하는 단계별 요령

- 준비는 충분히 잘됐는가? 그렇다면 됐다. 그대로 하면 된다.

- 그래도 떨리는가? 사람들의 시선이 당신에게 집중되는 것 같은가? 착각이다. 괜히 안절부절하지 마라.

- 그래도 떨리는가? 옆 사람과 자연스럽게 대화를 나누라. 긴장이 좀 풀릴 것이다.

- 입술이 마르는가? 물을 충분히 마시되 너무 일찍 마시지 말라. 연단에 서기 5분 전쯤이 좋다. 너무 일찍 물을 많이 마시면 '화장실에 가야 하는 것 아닌가?'라는 불안함이 가중되어 더 떨릴 수 있다.

- 자신이 호명되기를 기다리면서 객석에 앉아 있을 때 가장 유용한 방법은 심호흡으로 안정을 찾는 것이다. 명상하듯이, 자신에게 긍정의 최면을 걸면서 숨을 뱃속까지 깊이 들이마신 후 천천히 내쉰다. 이것을 세 번 이상 반복해보자.

- 남들이 보지 않는 곳에 있거나 시간적 여유가 조금 더 있을 때는 가벼운 몸풀기 운동을 하는 것도 좋다. 맨손체조나 스트레칭을 하여 몸을 크게 움직여서 근육을 이완하고 몸에 차오르는 긴장을 털어내는 것이다.

- 드디어 단상에 올라야 하는가? 떨리는가? 괜찮다. 안심하라. 청중은 당신의 적군이 아니다. 해칠 사람이 아니다. 오히려 호의적일 수 있다. 때로는 스피치를 해야 할 당신의 처지를 동경

할 수도 있다. 그러니 겸손하되 당당한 자세로 단상에 오르라.

- 마이크를 잡으라(또는 마이크 앞에 서라). 떨리는가? 청중은 당신이 떨고 있는 줄 모른다. 만약 눈치 챘다면 긴장하고 있는 당신의 표정 때문이다. 그러니 일부러 표정을 누그러뜨려라. 미소 지으란 말이다. 씽끗 웃어라. 그러고는 좌중을 한 번 휘둘러보는 여유를 부려라. 청중 중에 몇 사람을 선택하여 분명히 바라보라. 하나도 안 떨리는 척 느긋하게 그렇게 하라. 이것이 매우 중요하다. 그 시간은 그래봤자 10초 내외다.

- 이제 스피치를 시작하라. 때로는 "떨리네요" "이렇게 많은 분들 앞에서 스피치를 한 경험이 적어 무척 긴장되네요"라고 이실직고하라. 그러면 청중은 오히려 당신의 순수함에 호감을 갖는다.

- 스피치 초기에 말을 더듬거나 이야기가 헛나가거나 마이크 등에 기술적 문제가 생기면, 오히려 그것을 반전의 기회로 삼으라. "제가 아직도 떨고 있네요" "제가 긴장하니까 마이크까지 긴장하나 봐요" 그렇게 말하라.

- 이젠 됐는가? 이쯤 되면 이제 서서히 떨림이 사라진다. 이제부터는 스피치에 집중하면 된다.

- 그래도 떨린다고? 그렇다면 병이다.

내 방식 스피치

"스피치 공포, 연단공포, 직전공포는 누구나 있다.

겉으로 내색을 안 할 뿐이다.

스피치가 두려운가? 당신 나름의 방법을 찾아 그대로 하라.

떨면 스피치를 망친다. 앞이 캄캄해져 아무것도 보이지 않을지니."

기본은 갖춰야 한다

자기 모습을 볼 수 있는 용기가 필요하다

좋은 스피치를 위하여 세 번째로 극복해야 할 것은 발음, 발성을 비롯하여 잘못된 버릇 등 스피커로서의 기본에 관한 것이다. 강조하지만 '내 방식 스피치'가 '내 멋대로 스피치'는 아니다. 아무렇게나 해도 된다는 의미는 아니다. 제멋대로 말하면서 청중의 호감을 살 수는 없다. 스피커로서의 기본을 갖추는 것은 좋은 스피치를 위한 상식이요, 청중에 대한 예의다.

기본을 갖추기 위해 가장 먼저 할 일은 일단 자신이 어떻게 스피치하는지를 알아야 한다. 자신이 말하는 모습을 동영상으로 촬영하여 체크할 필요가 있다. 강의법을 비롯하여 연설 등을 훈련하는 교육기관에서 왜 동영상 촬영을 통한 피드백을 그토록 중시하는지 생각해봐야 한다. 내가 잠시 일했던 한국강사협회에서도 명강사 과정이라는 것을 운영하며 말하는 법을 훈련시키는데, 4일 정도의 교육내용 중 가장 큰 비중을 자시하는 것이 바로 동영상 촬영에 의한 피드백이다.

자신이 스피치하는 모습을 동영상으로 촬영하고 점검해볼 필요가 있다. 그런데 그것에는 나름의 용기가 필요하다. 그게 왜 용기냐고? 해보면 안다. 대부분의 사람들은 거울에 자신을 비춰보고, 또는 셀카를 통해 자신의 모습을 보기를 즐기지만, 그런 것과는 다르게 스피치나 강의하는 모습의 동영상을 보는 것은 상당히 쑥스러워한다. 그러기에 용기가 필요하다는 것이다.

강조하지만 좋은 스피치를 하려면 한 번쯤은 꼭 자신의 모습을 동영상으로 담아 체크해봐야 한다. 적어도 일생에 한 번은 그런 기회를 가져야 한다. 그러면 전혀 생각지도 못했던 특이한 버릇이 자신에게 있음을 알게 된다.

'아……' '에……' 따위의 군더더기가 자주 섞이는 것,
혀를 날름거리거나 입술 등 얼굴의 특정 부분을 실룩거리는 것,
시선을 허공에 두거나 한쪽 방향에 머무는 것,
"그랬단 말야" "했걸랑" 등 같은 말을 반복하는 버릇,
계속 눈을 깜박이는 틱 장애,
미소 띤 얼굴은 고사하고 인상을 찌푸리거나 독기 어린 표정을 짓

는 것,

발음이 부정확하거나 의외로 표준어를 사용하지 않는, 예컨대 '정말'이라는 단어도 '증말'로 발음하는 것 등,

강약이 없고 천편일률적인 밋밋한 어조,

심지어 말을 계속하면 입 가장자리에 하얀 거품이 끼는 것 등등 말이다.

자신의 스피치 동영상을 자주 볼 수는 없으니까, 단 한 번의 체크를 하더라도 꼼꼼하게 살펴 어떤 부분에 문제가 있는지 알아야 한다.

결정적 결함은 반드시 고쳐야

동영상 체크를 통하여 결정적 결함이라고 생각되는 부분은 반드시 고쳐야 한다. 그것을 개인적 특색이라고 강변해서는 안 된다. "그것도 내 방식"이라고 배짱을 부려서는 안 된다. 또 한 가지 고려할 것은 목소리, 발음, 말투에 대한 것이다. 화술의 전문가 중에도 이에 대하여는 상반된 주장을 펼친다. 어떤 이는 열심히 훈련해서 교정해야 한다고 하고, 어떤 이는 괜한 헛고생이라고 한다. 후자의 대표적인 한 사람이 연설법으로 유명한 화술의 대가 데일 카네기Dale Carnegie이다. 그는 이렇게 말했다.

"나는 어른들에게 음역音域을 넓힌다든가 하는 식의 훈련이 무의미하다는 것을 깨달았다. 물론 3년이나 4년씩 걸려서 음성구사 기술을 연마하려는 사람들에게 있어서는 좋은 시도이기는 하지만."

데일 카네기는 목소리, 발음, 말투는 타고난 그대로 하는 게 낫다고 했다. 고칠 수는 있지만 너무 많은 투자가 필요하고 투자에 비하여 효용이 낮다는 말이다. 나도 이에 동의한다. 특히 말투를 바꾸는 것은 거의 불가능하다고 말하고 싶다. 이론적인 연구의 결과가 아니라 수십 년 동안의 경험에서 얻은 결론이다.

그럼에도 불구하고, 청중들이 부담을 가질 또는 신경 쓰일 부분은 당연히 교정하는 게 맞다. 특히 장시간의 강연을 할 때는 자신도 모르게 본래의 음성이나 말투가 나오기 마련이지만, 짧은 시간에 행하는 간단한 스피치일 때는 얼마든지 연출이 가능하다. 이것을 '말의 화장'이라고 한다. 즉 말을 성형수술할 수는 없지만 짧은 시간, 예컨대 10분 정도는 화장으로 커버할 수 있다는 말이다. 단시간의 스피치에서 신경 써 화장할 부분은 다음과 같은 것이다.

- 말을 너무 빠르게 하여 신경 쓰인다면, 의도적으로 천천히 말할 수 있을 것이다.
- 같은 말을 반복하거나 '에, 으, 어, 저' 등의 군더더기가 있다면, 신경 써서 다듬을 수 있을 것이다.
- 발음이 불명확한 편이라면, 또박또박 발음할 수 있을 것이다.
- 음성의 고저강약과 장단이 없는 밋밋한 말버릇을 가지고 있다면, 연기력을 발휘하여 고, 저, 장, 단, 완, 급을 조절해 스피치에 리듬감을 줄 수 있을 것이다.
- 말을 할 때 흥분하거나 큰 목소리로 말하는 편이라면, 신경 써서

낮고 점잖게 말할 수 있을 것이다.

• 군대식 어법(TV에 나오는 군인이 말하는 법을 상상하자)으로 딱딱 끊어서 말하는 버릇이 있다면, 끝을 약간 끌어 부드럽게 연결하는 습관을 들일 수 있을 것이다.

• 좋은 목소리란? – 이런 건 배우지 마라 •

묻는다. 아나운서가 말을 잘한다고 생각하는가? 아나운서의 말하는 법이 좋다고 생각하는가? 그렇다면 착각이다. 당신은 결코 그런 식으로 하지 말라. 당신의 타고난 말투가 아나운서같이 매끄럽다면 어쩔 수 없지만, 그렇지 못하다고 해서 그런 것을 배우려 할 필요는 없다. 오히려 스피커의 말이 너무 매끄러우면 미꾸라지 아니, 말꾸라지 같다. 뱀장어가 아니라 말장어 같은 이미지를 줄 수 있다.

어쩌다 걸려오는 불청객 전화가 있다. 기업의 콜센터나 텔레마케터들의 전화 말이다. 느낌이 어떤가? 듣기 좋다고? 그렇다면 취향이 별나다. 너무 기계적이지 않던가? 괜한 목소리 쇼를 하는 것 같지 않던가? 진정성이 없어 보이지 않던가? 설득을 하는 게 아니라 교본을 읽고 있는 것 같지 않던가? 결국은 듣기 싫지 않던가? (정말이지 각 기업은 다시 교육시켜야 한다.)

결론적으로 아나운서나 텔레마케터의 목소리와 어조를 좋은 목소리의 표본으로 삼지 말라는 이야기다. 뉴스를 말하는 것, 상품 안내를 하는 것과 스피치는 다르다. 스피치의 목소리는 부드럽고 수수하고 평범하면 된다. 그러기에 큰 결함만 없다면 당신의 목소리 그대로 말하면 된다. 더듬거리거나 약간 버벅거리는 것도 스피치에서는 매력으로 작용할 수 있다.

"귀찮고 용기가 없더라도 자신이 스피치하는 모습을
동영상으로 촬영하여 세밀히 체크하라.
동영상 촬영을 위하여 스피치하는 장면이 아니라
당신이 실제로 스피치하는 것을 촬영해야 점검의 가치가 있다."

• 발음 교정법 •

발음이 너무 나빠 꼭 고쳐야겠다고 생각한다면, '볼펜교정법'을 권한다. 가장 많이 활용되는 발음훈련법이다. 그 요령은 이렇다.

나무젓가락이나 볼펜을 양쪽 어금니로 가로로 문다. 이때 꽉 물면 치아에 좋지 않을 수 있으므로 살짝 문다.
이렇게 되면 입이 양 옆으로 크게 벌어지는 모양이 된다.
이 상태에서 발음을 하면 혀를 제대로 움직일 수 없음으로 웅얼거리거나 혀 짧은 소리가 난다.
그런 다음, 준비된 책 또는 '어려운 발음 문장'이나 '발음·발성훈련표'를 또박또박 발음하며 읽는다. 발음할 때 입을 크게 벌리면서 말하면, 발음을 더 정확하게 할 수 있다.
이 훈련은 볼펜을 기준으로 혀가 위 아래로 넘나들면서 발음하게 되고, 이렇게 혀의 움직임이 익숙해진 뒤에 볼펜을 빼고 말을 해보면 훨씬 정확하게 발음이 된다.
하루에 15분 정도, 3~4개월쯤 연습한다면 발음은 물론 지나친 사투리나 억양까지도 교정할 수 있다.

•반드시 극복해야 할 기본 세 가지 •

첫째, 스피치는 자신감이 90%,
자신감 있는 듯이 하라.

둘째, 죽음보다 큰
스피치 공포. 누구나
떨린다. 심호흡하고
부딪혀보자

셋째, 기본기에서 자신감이
생긴다 – 안 좋은 말투, 발성,
버릇은 고쳐야

스피치 기획과 콘텐츠

**말재주가 없다면
기획과 콘텐츠로 승부하라**

'내 방식 스피치'란 '사람마다의 타고난 고유의 언어습관과 능력, 스타일 + 훈련으로 가능한 변화 + 상황과 청중에 맞춤형 기획' 즉 사람마다의 타고난 말재주와 스타일을 어쩔 수 없는 조건으로 인정하고, 그런 사람이 훈련으로 가능한 범위의 변화를 도모하고 잘 기획된 맞춤형 스피치로 자기 스타일에 맞는 좋은 스피치를 하자는 것이라고 정의했다. 그에 따라 앞장에서는 훈련으로 가능한 변화 – 극복해야 할 기본에 대하여 다뤘다. 이어서 이 장에서는 청중 맞춤형 기획에 대하여 이야기하려고 한다.

말재주 없는 사람이 스피치를 잘할 수 있는 가능성과 희망은 바로 여기에 있다. 말재주가 없어도 노력 여하에 따라 얼마든지 스피치를 잘 기획하고 좋은 내용을 담는 일은 할 수 있기 때문이다. 아니 말재주가 있고 없고를 떠나서 실제로 좋은 스피치란 결국 콘텐츠의 문제다. 그리고 그 콘텐츠를 어떤 구조로 구성하여 청중에게 던지느냐에 따라 스피치의 품질이 좌우된다.

실제로 유명한 스피커들은 스피치 기획에 승부를 건다. 좋은 콘텐츠로 내용을 채운다. 그러기에 청중이 호감을 갖는 것이다. 청중들은 자신이 스피치는 못할지언정 어떤 스피치가 좋은 스피치인지는 귀신같이 알아본다. 단순히 언변으로 말장난을 하고 있는지 아니면 정말 좋은 내용의 스피치인지를 말이다. 자, 그럼 어떻게 스피치를 기획하고 콘텐츠를 담을 것인지 알아보자.

스피치 기획

말재주가 없다면 기획으로 성공하라

말솜씨 없는 사람이 좋은 스피치를 하려면 어떻게 해야 할까? 딱한 가지만 꼽으라면 "기획을 잘하라"고 말하겠다. 갑자기 맞닥뜨리는 즉석 스피치에서는 어쩔 수 없다 하더라도 조금이라도 시간적 여유가 있다면 스피치 기획을 잘하는 것이 중요하다. 그러면 말재주가 없는 사람도 멋진 스피치를 할 수 있다.

스피치 기획이란 스피치의 얼개를 짜는 것, 내용을 선정하는 것, 그리고 논리와 표현법을 구상하는 것 등을 말한다. 먼저 스피치의 얼개를 짜는 것부터 알아보자. 즉 스피치를 해야 할 상황이 되면, 과연 어떤 주제로 무엇을 어떻게 말할 것인지 설계를 해야 한다. 그 절

차는 이렇다.

스피치 기획 - 얼개를 짜는 요령

(1) 우선 스피치의 목적을 떠올린다

왜 스피치를 하는가? 공적 행사에서의 인사말인지 또는 기념사인지, 아니면 동창들의 모임에서 하는 사적 스피치인지, 하여간 어떤 상황에서 하는 무슨 스피치인지를 분명히 한다. 그리고 그에 따라 어떤 스피치를 목표로 하는지 확실히 정한다. 간단한 스피치라도 그에 걸맞는 제목을 붙이는 것이 좋다. 예컨대 신년을 맞이해서 사원들에게 보내는 인사말의 경우, 그냥 '인사말'이라 하지 않고 '새해의 도약을 꿈꾸며'처럼 구체적인 세목을 붙이는 게 좋다. 이렇게 제목을 정해놓으면 스피치의 흐름과 내용이 명확해지고, 그것에 맞춰 설계를 할 수 있다.

(2) 상상의 나래를 활짝 편다

스피치를 어떻게 구성할 것인지 상상을 통해 세밀히 기획한다. 나의 경우, 글을 쓰거나 스피치 또는 강의를 구상할 때면 눈을 감고 상상의 나래를 활짝 편다. 사람마다 다르겠지만 나는 새벽에 잠에서 깨면 그날 또는 그즈음에 해야 할 중요한 기고문이나 스피치 원고 또는 강의안을 눈을 감을 채로 세밀히 구상한다. 그러다 보면 논리전개가 되고 어떤 내용을 담아야 할지, 순서 따위가 정리된다. 상상하라. 상상의 나래를 활짝 펴고 종횡무진, 그리고 깊이깊이 생각하라.

(3) 상상으로 구상한 것을 바탕으로 대략의 얼개를 만든다

상상하면서 구상한 것을 메모로 옮기면서 어떤 순서, 어떤 논리로 말할 것인지 대략적인 얼개를 짠다. 스피치 설계서를 작성하는 것이다.

(4) 자료를 찾는다

(3)의 얼개에 따라 책이나 인터넷을 뒤져 자료를 구한다. 또한 자신의 경험담 등 스피치에 담아야 할 유용한 내용을 최대한 기억해낸다.

(5) 얼개의 완성도를 높인다

(4)의 자료들을 얼개에 대입하면서 얼개의 완성도를 높인다. 이것이 스피치 원고를 작성할 때 요긴하게 사용할 구체적인 설계가 된다.

> "말재주가 없어서 스피치에 자신이 없다면 방법은 딱 하나.
> 스피치 기획에 승부를 걸어라.
> 그러면 누구나 좋은 스피치를 할 수 있다.

• 스피치 못하는 사람의 일곱 가지 특징 •

이것을 버리지 않고는 절대로 좋은 스피치를 할 수 없다.

공짜근성 – 노력과 준비 없이, 말재주 탓만 한다. 공부도 안 하고.

자기도취 – 청중부시, 마이농뭉, 사기가 스피치를 살하는 쭐 안나.

폼생폼사 – 거창하게 폼만 잡고 일장연설하는 스타일.

외화내빈 – 말만 번지르르하고 내용이 없다.

센스결핍 – 시간관념이 없고, 현장의 상황을 무시한 채 고지식하게 말한다.

단순무식 – 말도 안 되는 개똥철학을 말한다. 이미 지난 버전을 자기 딴에는 최신의 이야기로 알고 떠벌린다.

횡설수설 – 중구난방, 논리가 전혀 없이 떠든다.

스피치
원고 작성

원고에 승부를 걸라

　말재주 없는 사람이 좋은 스피치를 하려면 앞에서 다룬 스피치 설계를 바탕으로 원고를 제대로 만들어야 한다. 스피치의 기획에 따라 원고를 잘 만들라는 이야기다. 말재주가 없다면서 이것조차 못 하겠다고? 그렇다면 좋은 스피커가 되기를 포기하시라.

　스피치 원고를 만드는 것은 생각만큼 어렵지 않다. 1~2시간짜리 연설이나 강의원고를 만들 때는 당연히 많은 노력과 시간이 필요하다. 그러나 대부분의 스피치는 그렇게 길지 않다. 강의가 아니면 10분도 채 되지 않는 스피치가 대부분이다. 이 정도의 짧은 스피치에 자료가 필요하면 얼마나 필요하겠는가. 짧은 스피치일수록 더 많은 노력이 들어간다고 하고, 어떤 이는 3분 스피치를 위해 3일간의 노력을 들인다고 하지만, 그 표현은 상징적인 것이요, 짧다고 해서 쉽게 생각하지 말고 정성을 다하라는 의미로 받아들이면 된다(물론 역사에 남을 귀중한 스피치라면 3일 이상의 시간이 들어갈 수도 있다).

10분 정도의 스피치라고 할 때 한두 가지 핵심을 스토리텔링하면 시간은 후딱 지나간다. 더구나 요즘은 스피치 원고를 만들기가 쉬워 졌다. 인터넷이 있기 때문이다. 전혀 관련 자료가 없는 상황에서도 인터넷을 검색하면 순식간에 좋은 자료를 구하여 원고를 만들 수 있다. 그 정도의 노력도 안 하겠다면, 이건 재주의 문제가 아니라 자질의 문제다. 긴 시간의 강의든 짧은 시간의 스피치든 원고를 만드는 요령은 같다.

스피치 원고 작성 요령

(1) 원고는 직접 써라

"'앞으로 대통령이 될 사람이 갖추어야 할 자질 한 가지를 꼽는 다면 무엇입니까?' '자기집필능력이라고 생각합니다. 연설문의 대강 은 자기가 쓸 수 있어야 대통령 자격이 있다고 봅니다' 총리를 지낸 분과 나눈 이야기인데, 굉장히 공감이 되는 지적이었다. 자기가 할 말의 연설문 정도는 자신이 집필할 수 있어야 한다. 세부적인 부분 까지는 참모가 다듬는다고 하더라도 중요한 메시지의 골격 정도는 자기가 짤 수 있는 지성이 있어야 한다."

대통령 탄핵사태가 한창 진행 중일 때 우리에게 잘 알려진 조용헌 씨가 '자기집필능력'이라는 글에서 이런 요지의 말을 했다(조선일보, 2017. 1. 16). 그렇다. 대통령뿐만 아니라 스피치를 해야 할 위치에 있는 사람이라면 누구나 자기집필능력을 갖춰야 한다. 아니 능력이 있고 없고를 떠나 스피치 원고는 자기가 직접 써야 한다.

연설문을 남이 써줄 경우, 과연 내 심사를 꿰뚫는 명연설문이 될 수 있을까? 직업적 스피치라이터가 아닌 한 불가능하다. 남이 나의 생각을 제대로 표현해내기 힘들다. 그것을 잘 알기에 나는 직장생활을 하던 젊은 날부터 지금까지 스피치 원고는 반드시 내가 직접 쓴다.

(2) 말하듯이 써라

사람들은 글쓰기라면 지레 겁을 먹는다. 한 수 훈수를 둔다면, 그냥 말하듯이 쓰면 그게 스피치 원고다. 이런 평범한 이치를 믿지 않고 글과 말은 다르다고 생각하는 것에서 문제는 발생한다. 아름다운 문장을 만들겠다거나 시詩 같은 글을 쓰려니까 원고작성이 잘 안 된다. 그래서 아예 글쓰기를 시도하지 않는다. 시도하지 않으니까 될 턱이 없다.

스피치 원고는 글을 쓰는 것이 아니라 말을 쓰는 것이다. 이 점을 분명히 기억하자. 문학작품을 만드는 게 아니다. 청중들에게 당신이 들려주고 싶은 생각을 글로 표현하면 된다. 어떻게 쓰냐고? 강조하지만, 일단 쓰면 된다. 당신의 스타일을 감안하여 이야기하듯 쓰면 된다. 문장을 만들지 말고 말하듯이 쓰면 된다. 그러기에 매끄럽지 않고 투박해도 전혀 관계없다(연설문을 인쇄하여 배부하거나 기록으로 남길 때는 상황이 또 다르지만).

이어서 소개되는 (3)번 이하의 글쓰기 요령은 나의 오랜 경험에서 비롯된 노하우다. 그대로 실행에 옮기면 된다. 그러면 멋진 연설문을 만들 수 있다. 내 말을 믿고 일단 글을 써라. "여러분, 안녕하세요?" 그렇게 시작하라. 무조건 초고를 시작하라. 연설문도 '시작이 반'이다.

(3) 스피치 얼개에 따라 글을 써나가라

스피치 원고를 작성할 때는 문장이 완벽한지 아닌지에 신경 쓰지 말고 앞에서 만든 스피치 얼개에 따라 말하듯이 생각나는 대로 써나가면 된다. 완성된 글을 목표로 삼지 마라. 잘된 연설문, 멋진 표현이어야 한다는 강박에서 벗어나라.

(4) 문장은 쉽게, 짧게, 담백하게 써라

스피치 원고는 말을 글로 쓰는 것이다. 그러니까 이야기하듯 쉽게 써라. 당신이 글을 쓰는 이유가 노벨 문학상이나 신춘문예 당선이 아니다. 스피치의 원고를 쓰는 것이다. 그러므로 문어체가 아닌 구어체로 쉽게 말하듯이 쓰면 된다. 기교를 부리거나 어려운 글을 쓸 필요가 없다. 광고 문구 중에 'Simple is best'라는 말이 있듯이 글쓰기에 있어서도 'Simple is best'이다. 실제 스피치를 하는 것처럼 입 속에서 굴려보면서 글을 쓰되, 한 호흡에 읽을 수 있게 가급적 짧은 문장으로 써라. 'Simple is best'임과 동시에 'Short is best'이다. 문장이 길다 싶으면 둘 또는 세 개의 문장으로 나누는 게 좋다.

(5) 사례, 예화를 최대한 활용하라

좋은 문장을 만들 자신이 없거든 사례나 예화, 경험담을 최대한 많이 이용하면 쉽다. 추상적이고 논리적인 글을 쓰려니까 힘들다. 대신 이야깃거리로 원고를 채우면 스피치 원고는 금방 만들 수 있고 내용 또한 좋다.

(6) 핵심 메시지를 담아라

청중은 당신의 경험담이나 들으려고 그 자리에 앉아 있는 게 아니다. 스피치를 예화나 사례로 채우라고 하지만 그것이 본질은 아니다. 사례, 예화, 경험담을 통해 무엇을 말하려는 것인지 핵심적인 메시지가 분명히 드러나야 한다. 이것을 나는 '앙꼬박기'라고 표현한다(일본어라 미안하다). 찐빵에 앙꼬가 있어야 하는 것처럼, 스피치의 진미를 느끼게 하는 뭔가가 있어야 한다. 스피치의 멋을 내고 맛을 내는 핵심 메시지, 핵심 이야기, 핵심 표현이 있어야 한다는 말이다. 밋밋한 스피치는 낙제다. 좀더 알찬 내용이 되게 하려면 속담이나 유명인의 어록, 유머를 추가하는 것이 좋다.

(7) 스피치 원고는 계속 다듬어라

(6)번까지의 작업을 통해 완성된 원고가 초고다. 원래 스피치 원

고에 완성이란 없다. 완벽한 원고란 없기 때문이다. 단지, 스피치를 할 시간까지 계속 다듬을 뿐이다.

초고가 만들어졌으면 틈나는 대로 계속 다듬어야 한다. 실제로 스피치하는 상황을 상상해보면서

원래의 목적과 이긋나지는 않는지,

더 좋은 사례는 없는지,

유머를 추가할 수는 없는지,

더 멋진 표현은 없는지,

통계나 논리를 보완할 것은 없는지,

원고가 너무 짧거나 길지는 않은지 등을 체크하면서 보완해야 한다. 때로는 스피치 원고를 큰 소리로 읽어보면서 호흡이 맞아떨어지는지도 살펴보는 게 좋다. 소리를 내어 읽다가, 발음이 다른 의미로 받아들여질 수 있는 단어가 있으면 뜻은 같으면서도 다른 단어를 사용하도록 한다. 또한, 같은 단어가 반복되지 않도록 하고, 발음이 어려운 단어는 다른 것으로 대체한다. 이렇게 하여 스피치 원고를 완성하는 것이다.

"좋은 스피치 원고를 작성하기 위해서
관련된 좋은 스피치 원고를 참고하는 것도 하나의 요령이다.
그러나 단순한 흉내 내기는 금물이다.
스피치에는 반드시
당신의 진정성 있는 신념과 특유의 주장이 들어가야 한다.
그래야 당신의 스피치가 된다."

● 말을 더듬으면 좋은 스피치를 못할까? ●

스피치 능력을 훈련에 의하여 얼마든지 고칠 수 있다고 말하는 사람들이 – 심지어 화술의 달인이 될 수 있다고 하는 사람들이 자주 소개하는 한 사람이 윈스턴 처칠 전 영국수상이다. 최고의 웅변가로 꼽히는 그도 원래는 심한 말더듬이였지만 피나는 훈련을 통해 그렇게 됐다고 말이다. 그밖에도 케네디, 링컨 등 세계적 명연설을 남긴 사람들도 타고난 언변이 아니라 훈련에 의하여 만들어진 스피커라고 말한다.

정말 그럴까? 처칠이 정말로 타고난 언변이 없었을까? 말을 좀 더듬는다고 해서 말재주가 없다고 할 수 있을까? 말더듬과 말솜씨는 전혀 다른 영역이다. 말을 더듬는 것이 신체적, 기질적 장애에 속한다면, 말재주는 언어에 대한 두뇌회전의 영역이기 때문이다.

말솜씨도 없는데다 말까지 더듬었던 사람도 물론 있다. 대표적인 사람이 영국의 국왕이었던 조지 6세. 영국 영화 『킹스 스피치The King's Speech』로 잘 알려진 그는 1936년, 세기의 스캔들을 일으키며 재위 1년 만에 왕위에서 물러난 형 에드워드 8세 때문에 엉겁결에 국왕이 된다. 부와 명예, 권력, 행복한 가정까지 모든 걸 다 가진 그이지만 '말'에 대한 극심한 콤플렉스에 시달린다. 사람들 앞에만 서면 말문이 막히고 말을 심하게 더듬는 증상 때문이다. 영화에서 보면 그는 언어치료사 라이오넬 로그에게서 기상천외한 방법으로 교정훈련을 받는다. 그렇다고 달변이 되는 것은 물론 아니다. 그러나 그는 제2차 세계대전 발발에 따라 국민을 아우르는 감동적인 연설을 한다.

『킹스 스피치』의 조지 6세에게서 우리가 얻을 수 있는 교훈이 있다. 첫째는 언변이란 훈련으로 쉽게 정복될 수 있는 것이 아니라는 것이다. 조지 6세가 그토록 훈련을 받지만 달변이 되던가? 유머의 달인이 되던가? 적어도 영화에서는 그런 변화를 발견하기 어렵다. 약간의 자신감이 회복될 뿐이다. 말더듬이 증세가 조금 완화될 뿐이다. 그럼에도 불구하고 두 번째로 배우는 교훈은 스피치란 역시 내용이 중요하다는 것이다. 어떤 연설 원고, 어떤 내용을 담느냐가 중요하다. 자기 스타일대로 스피치하되 좋은 원고에 스피커의 진정성과 신뢰가 담겨 있으면 된다. 그것이 요령이다.

콘텐츠를
만드는 법

최고의 콘텐츠는 에피소드

스피치에 있어서 중요한 것은 '말재주'가 아니라 '말재료'다. 즉, 내용이며 콘텐츠다. 그것이 뒷받침되지 않는 말재주란 공허하다. 잔재주에 불과하다. 천부적인 말솜씨에 풍부한 콘텐츠까지 겸비하고 있다면 더이상 바람직할 게 없으나, 아마도 이 책으로 스피치를 한수 배우고자 하는 당신은 스스로 말솜씨가 없다고 여기는 사람이거나, 아니면 정말로 말주변이 없는 사람일 것이다. 그렇다면 스피치 설계를 해야 하며, 그 설계는 좋은 콘텐츠로 채워져야 한다.

장시간에 걸쳐 실시되는 강의나 강연이라면 많은 콘텐츠가 필요할 것이다. 때로는 해박한 지식이 뒷받침돼야 한다. 그러나 10분 내외 - 때로는 훨씬 더 짧은 -의 스피치를 할 때는 많은 콘텐츠를 담을 수 없다. 짧은 스피치로 청중의 관심을 끌고 호감을 사려면, 딱 하나의 에피소드를 중심으로 이야기를 펼쳐나가는 것이 좋다. 앞에서도 여러 번 강조했지만, 최고의 콘텐츠는 사례-에피소드다. 오바마 전 대통령이나 그의 부인 미셸의 스피치에서 보았지 않은가? 세계적인 지도자의 스피치에서도 청중을 매료시키는 것은 해박한 지식, 무거운 정보가 아니다. 따라서 스피치를 설계하며 어떤 내용으로 채울 것인지를 고민할 때는 다름 아니라 에피소드를 떠올리면 된다. 예화, 사례, 경험담을 최대한 발굴하여 콘텐츠로 삼으면 된다.

에피소드를 기억해내라

스피치를 잘하기 위해 에피소드를 챙기라면, "이야깃거리가 없는데 어떻게 하죠?" 그렇게 반문하는 이들이 많다. 적절한 에피소드가 생각나지 않는다는 것이다. 그러나 얼핏 생각하면 이야깃거리(에피소드)가 없는 것 같지만 곰곰이 깊이 생각하면 의외로 당신에게 에피소드가 많음을 알 수 있을 것이다.

TV 연예프로그램 중에는 여러 사람이 출연하여 자신들의 신변잡기로 시청자를 웃기고 울리는 경우가 많다. 그런 방송을 보면서 "어쩌면 그렇게도 얽히고설킨 사연들이 많냐?"며 감탄할 때가 있다. 눈물겨운 사연에서부터 입이 딱 벌어지는 어이없는 사건·사고, 포복절도할 황당한 이야기에 이르기까지 말이다.

내 방식 스피치

그러나 그들만 그런 게 아니다. 누구든지 과거를 잘 돌이켜보면 엄청난 사연, 기막힌 에피소드, 웃기는 일들이 많음을 알게 된다. 나도 어떤 책을 쓰기로 작정하고 목차를 만들다 보면 슬슬 그 목차의 주제에 맞는 예전의 에피소드가 떠오르는 경험을 수시로 한다. 평소에는 전혀 기억에서 사라졌던 일들이 말이다.

당신도 마찬가지다. 만약 나이가 40살이라면 1년에 하나의 에피소드만 있어도 40가지가 된다. 따라서 스피치의 콘텐츠를 만들 때는 그 주제에 맞는 에피소드를 최대한 되살려보기를 권한다. 처음에는 별 생각이 나지 않을 것이다. 그런데 한번 물꼬가 트이면 술술 생각이 떠오른다. 나의 말을 믿고 꼭 그렇게 해보라. 해봐야 안다.

인터넷을 최대한 활용하라

스피치 원고는 작성해야 하는데 기억나는 사례나 에피소드가 없다고? 그렇더라도 걱정할 필요는 없다. 그럴 때에 가장 유용한 것이 인터넷이다. 앞에서도 잠깐 소개했지만, 그것을 활용하면 누구나 좋은 콘텐츠를 만들어 스피치에 활용할 수 있다. 평소에 스피치에 대한 자료를 준비하지 않았더라도 인터넷이라는 막강한 자료창고(?)가 있는데 무슨 걱정인가.

스피치 원고를 쓰려고 할 때면 먼저 주제를 정하고, 그 주제의 키워드를 인터넷에 검색해보라. 좋은 자료가 무궁무진하다. 나의 경우는 주로 네이버와 구글을 많이 이용한다. 다른 포털을 이용하지 않는 특별한 이유는 없다. 둘만으로도 충분하기 때문이다. 당신은 당신의 취향에 맞는 포털을 이용하면 된다.

검색해도 없다고? 한두 번 시도하여 좋은 자료가 나타나지 않는다면, 당신이 검색어를 잘못 선택했다는 이야기가 된다. 이때 키워드 검색으로(1차 검색이라 하자) 금방 쓸 만한 자료가 나오는 수도 있지만, 눈에 확 들어오는 것이 없을 때는 1차 검색에서 발견한 키워드로 다시 검색을 시도한다. 꼬리에 꼬리를 물고 검색하라. 종횡무진 검색하라. 신문기사에서부터 다른 이의 블로그까지 찾아 나서라. 때로는 유튜브나 TED 등에서 기막힌 동영상을 만날 수도 있다. 그러다 보면 마음에 확 와닿는 자료가 나온다. 아니, 마음에 와닿는 자료가 나올 때까지 검색하라.

그러면 온갖 것이 다 나온다. 주례사도 나오고, 건배사도 나온다. 명연설, 명스피치에 관한 것도 있고, 기막힌 사례와 통계도 있다. 유머도 있다. 없는 것이 없다. 그중에 쓸 만한 것들을 복사하여 당신이 쓰고자 하는 원고에 접목하면 된다. 해보면 나름의 노하우가 생긴다. 역시 해봐야 안다. 생각만 해서는 모른다.

자료가 모아지면 취사선택을 통하여 쌈빡한 자료만 골라내 활용하면 된다. 참고로, 스피치 원고를 비롯하여 평소에 글에 대한 관심을 갖고 자료를 모으고자 하는 사람이라면 하나의 컴퓨터에 두 개의 모니터를 연결하여 사용하는 듀얼 모니터를 이용하기를 권한다. 또는 대형 모니터 하나를 두 화면으로 분할하여 사용할 수도 있다. 한쪽에는 글 쓰는 화면, 다른 쪽은 자료검색화면으로 이용하면, 매우 편리하다. 해보면 알지만 듀얼모니터는 일의 능률을 배가시켜준다.

"인터넷은 자료의 보고寶庫다.

하나의 키워드를 갖고 검색해나가면

마치 고구마를 캐듯이 줄줄이 좋은 자료가 걸려 나온다.

온갖 것이 다 나온다. 그것을 최대한 활용하자."

● 스피치 기획과 콘텐츠 ●

상황별 스피치 요령

비즈니스 스피치의 모든 것

스피치를 하게 되는 상황은 여러 가지다. 갑자기 지목되어 즉석 스피치를 하는 경우도 있을 것이고, 준비된 스피치를 하는 경우도 있다. 즉석 스피치라 하더라도 자기를 소개하는 인사 스피치에서부터 격려사, 축사에 이르기까지 여러 경우가 있다. 준비된 스피치도 인사 스피치가 있는가 하면 프레젠테이션 같은 스피치도 있다.

이 책 전반에 걸쳐 다루고 있는 스피치의 요령과 방법은 모든 상황에 적용이 가능하지만, 이 장에서는 장시간에 걸쳐 준비해야 하는 강의·강연 따위의 일반적인 스피치는 제외하고, 비교적 특수한 상황에서 하게 되는 비즈니스 스피치의 요령을 다루겠다.

즉석 스피치

즉석에서 답을 찾아라

　대부분의 비즈니스 스피치는 준비 스피치이다. 이미 계획된 스피치이기에 준비할 시간이 있다는 말이다. 때로는 즉석 스피치의 형식을 띠지만, 알게 모르게 당사자가 스피치할 것이 예고된 경우가 대부분이다. 그러기에 스피치를 기획할 수가 있다. 자료를 챙길 시간의 여유가 있다는 말이다.

　비즈니스 스피치에 있어서 정말 곤혹스런 것은 말 그대로 즉석에서 이뤄지는 스피치이다. 아무런 예고도 없이 그 자리에서 말을 해야 하는 경우야말로 위기다. 그러나 때로는 이 위기가 기회가 될 수 있다. 적절히 대응을 잘하면 그만큼 능력이 있는 사람이라는 인상을 줄 수 있다. 그렇다면 말재주 없는 사람이 즉석 스피치에 대응하는 요령은 무엇일까?

"한 말씀 부탁합니다"라는 사회자의 지명에 앞이 캄캄할 것이다. 당황할 것이다. 말재주 없는 당신이기에 얼굴이 붉어질지도 모른다. 그래서 손사래를 칠 것이다. 그러나 어쩌랴. 이미 운명이 다가온 것을.

자, 이제부터 어떻게 할 것인지 마음을 가라앉히고 생각 좀 해보자.

우선 손사래 치는 동작을 즉각 중단하라. 볼썽사납다. 그리고 이렇게 대처하라.

첫째, 불안해하거나 떨지 마라. 즉석 스피치에 실패했다고 누가 뭐라고 하지 않는다. 원래 즉석 스피치란 청중이 별로 기대하는 게 없다. 기대치가 낮기에 그냥 생각나는 대로 말해도 전혀 상관없다. 그러니 담담하게 임하면 된다. 말재주 없는 당신이 즉석에서 스피치를 멋지게 구상한다는 것은 거의 불가능하다. 그러니 괜한 과욕을 부리면 안 된다. 담담히 당신의 스타일대로 소박한 스피치를 하면 된다.

둘째, 아무리 청중의 기대치가 낮다고 해도 아무렇게나 횡설수설할 수는 없는 노릇이다. 담담히 소박한 스피치를 한다고 해서 정말로 밋밋한 스피치를 한다면 너무 아쉽다. 그러니 긴급히 머리를 굴려야 한다. 그 모임의 상황에서 스피치와 연결할 수 있는 것 딱 하나만 잡으면 된다. 즉석 스피치이기에 즉석 – 바로 그 자리에서 스피치의 소재를 잡으라는 말이다. 즉석 스피치에서는 이것이 핵심 요령이다.

현장상황을 스피치에 적용하라

이 글을 쓰던 무렵, 서울의 강남에서 있었던 어떤 모임에 나갔다. 사적 모임은 아니었으나 그렇다고 점잔을 빼야 하는 그런 자리도 아니었다. 나는 가벼운 마음으로 참석했다. 날씨가 매우 추웠기에 별 생각 없이 '돕바' 차림으로 참석했다. 그런데 웬걸? 50~60명의 참석자들을 훑어보니 나만 제외하고 모두가 신사복 차림이었으니 이를 어쩐담? 그런데 설상가상으로 사회자가 갑자기 '한 말씀'을 주문하는 것 아닌가. 그것도 가장 먼저 말이다. 아마도 내가 나이가 제일 많았기 때문이었으리라. 순간, 당황했지만 얼른 중심을 잡았다. 천천히 연설대로 나갔다. 모임의 성격도 격식을 차리는 것이 아니었을 뿐더러 설령 격식을 차리는 자리였다 해도 어쩔 수 없는 상황이었다. 아무런 준비가 없었으니 말이다. 그러니 아무렇게나 말하면 어떠랴? 예고 없이 즉석에서 스피치를 청한 사회자의 잘못이지……, 그런 배짱(?)으로 단상에 오르면서 나는 순식간에 상황을 '스캔'하였다. 딱 떠오른 상황은 나의 '옷차림'과 '나이'였다. 그것을 생각하기까지 시간으로 계산한다면 2~3초에 불과했으리라. 나는 이렇게 스피치를 시작했다.

"반갑습니다. 우선 한 가지 사과부터 해야겠습니다. 이 복장 말입니다(일동 웃음. 웃었다는 것은 그들도 좀 특이하게 봤다는 것이리라). 제가 사는 동네가 산기슭인데다 추운 날씨라 이렇게 됐습니다. 이름하여 '강남 스타일'이 아닌 '청계산 스타일'입니다(일동 웃음). 저에게 제일 먼저 말씀의 기회를 주신 것은 아마도 제가 '지공선사'라서인가 봅니다. '지하철 공짜로 타는 사람'말입니다(일동 폭소)."

이하는 생략한다. 이렇게 말문을 열면서 사람들의 웃음을 이끌어내면 분위기는 완전히 풀린다. 이때부터는 무슨 말을 해도 괜찮다. 그런 자리에서 누구나 하는 흔한 이야기를 해도 말이다. 더구나 그렇게 이야기를 시작하면서 일단 시간을 번 셈이 되고, 그 정도의 시간이면 이제 무슨 말을 덧붙이면 될지 머리가 돌아갈 것이다. 위기를 넘긴 것이다.

그 이후의 연설은 그럭저럭 해도 괜찮다. 단, 짧게만 하면 된다. 짧더라도 이미 청중들에게는 강한 인상을 주었을 테니까.

자, 다시 정리한다. 즉석 스피치에서는 현장의 상황을 재빨리 파악하여 스피치와 연결하면 된다. 이것을 나는 '찍어다 붙이기'라고 한다. 즉석의 상황을 스피치에 적용한다는 의미다. 그러면 스피치는 일단 합격점이다. 홈런은 아니라도 안타는 날린다. 말재주 없는 사람이 즉석 스피치에서 안타를 날리면 됐지 뭘 더 바라랴.

'찍어다 붙이기'란 연상 작용을 말한다. 그것의 메커니즘은 이렇다. 현장의 상황을 유심히 파악하여 키워드를 발견한다 → 그 키워드로 상상력을 최대한 동원한 연상작용으로 연관성 있는 이야깃거리를 기억해내거나 만든다 → 그것을 스피치의 목적(모임의 목적)과 연결시킨다 → 이야기로 풀어낸다.

물론 이런 연상작용의 '찍어다 붙이기'는 그 자체가 타고난 말재주와 관련이 있을 수 있다. 그러나 수준의 차이는 있을지언정 말재주 없는 사람도 상황을 스피치에 이용하는 이 기법을 구사하는 것은 얼마든지 가능한 일이다. 평소에 조금만 훈련을 쌓으면 된다. 말재주 있는 사람에 비하여 '찍어다 붙이기'의 수준차이는 있겠지만 말이다.

"현장의 상황과 분위기에서 이야깃거리를 찾아라.
찾으면 분명히 '거리'가 있다.
그것을 잘 캐치하여 스피치와 연결시켜라.
그것을 잘하는 사람이 즉석 스피치의 고수다."

사회 스피치

사회자가 스피치를 한다고?

2016년 모 방송사가 주최한 연기대상식장에서의 일이다. 4년째 연속하여 사회를 맡은 이는 MC계에서 베테랑으로 소문난 L씨였다. 반듯한 이미지로 좋은 평가를 받는 그인데, 그날은 왜 그랬을까? 행사장의 분위기를 돋우기 위해 던진 유머가 그만 대상자를 곤혹스럽게 한 것이다. 패딩 점퍼를 입고 참가자석에 앉은 이에게 그 복장을 소재로 삼아 유머를 던졌던 것이다. 아마도 옷차림이 연기대상의 화려한 분위기에 맞지 않았기에 유머의 소재가 된다고 생각했을 것이다. 그러나 당사자로서는 매우 쑥스러운 복장일 수 있다는 점을 간과했다. 뿐만 아니다. L씨는 그에 그치지 않고 한발 더 나갔다. 모 여성 연예인에게 특정한 남성을 거론하면서 "두 사람의 사이가 수상하다"고 농담을 던졌는데, 이것 역시 당사자들을 곤혹스럽게 했던 것이다. 청중을 즐겁게 하려고 한 시도가 특정인의 입장을 곤란하게 했으니……

말이란 첫 단추를 잘못 꿰면 엉뚱한 방향으로 나아간다. 스텝이 꼬이면 궤도 수정이 잘 안 되고 제동도 잘 안 된다. 사회자의 그러한 언급이 문제가 됐던가 보다. 행사가 끝난 후, 그 스스로가 인스타그램을 통해 "생방송에서 좀 재미있게 해보고자 했던 저의 욕심이 너무 많이 과했던 것 같다" "제 언행으로 불편하셨을 많은 배우분들과 시청자분들께도 사죄의 마음을 전한다"고 밝힌 것을 보면 말이다. 다음날, 신문은 이렇게 언급하였다.

"사회자가 꼭 웃음을 강요할 필요는 없다. '사회자'라는 뜻 그대로 큰 행사의 진행을 순탄하게 이끌면 그 역할을 다하는 것이기 때문이다. 참석자들을 배려하지 않는 진행으로 시상식에 찬물을 끼얹었다. 시상식 주인공들은 당황하거나 얼굴이 굳었고, 이를 지켜보던 시청자들은 불편함까지 느껴야 했다."(매일경제, 스타투데이, 2017. 1. 1.)

사회자의 스피치가 행사를 좌우한다

직장생활에서 CEO를 비롯한 간부급이라면 일반 스피치를 하는 경우가 많지만, 그 이하의 직급에서는 의외로 사회자로서 스피치를 해야 하는 경우가 많다. 사회가가 스피치를 한다고? 그렇게 의아해

내 방식 스피치

하는 사람도 있을 것이다. 사회자는 주어진 식순에 따라 개회사, 국기에 대한 경례, 인사말, 축사, 기념사, 포상 및 치사, 폐회사 등의 진행순서를 안내함과 더불어 그 식순에서 스피치할 사람을 소개하는 등의 진행 역할을 하면 되는 것 아니냐고 할지 모른다. 그러나 사회자는 그렇게 단순한 역할에 그치지 않는다. 그렇게 단순히디면 무엇 때문에 말주변 좋은 사람을 선발하여 사회를 보게 하겠는가. 진행순서만 말하면 될 것을 말이다.

사회자란 행사의 진행을 맡는 사람으로 MC라고도 하는데 MC는 Master of Ceremonies의 약자라는 용어에서 알 수 있듯이 그 역할의 범위가 의외로 넓다. 예컨대 회사에서 개최되는 기념식(시무식, 종무식, 주주총회, 준공식, 취임식, 퇴임식 등)이나 결혼식, 음악회 등 행사를 진행하는 사람뿐만 아니라 TV방송의 버라이어티 프로그램을 진행하는 사람도 MC라고 한다. 물론 여기서는 전자의 경우에 어떻게 스피치할 것인지를 다룬다.

사회자가 어떻게 하느냐에 따라 행사 전체의 분위기가 달라진다. 그러기에 '사회자는 행사진행의 꽃'이라 한다. 실제로 직장생활을 하면서 회사의 행사를 멋지게 진행함으로써 자신의 이미지와 능력을 인정받는 계기로 만든 사람들도 많다. 반면에 사회자로서의 역할을 충분히 못하고 밋밋하게 진행하거나 실수를 함으로써 좋은 기회를 놓치고 무능한 사람으로 기억에 남는 경우도 있다.

그러기에 비즈니스 스피치 중 사회 스피치의 요령을 익혀두는 것은 매우 요긴할 것이다. 사회 스피치란 행사의 진행 순서를 알려주면서 간간히 나름의 멘트를 날리는 것이다. 짧은 스피치이기에 그만큼 절제되고 재치 있는 화술을 동원해야 한다.

대개의 경우 직장에서 큰 행사의 사회자로 선택된 사람은 나름내로 말재주가 있고 용모 또한 호감형인 경우가 많다. 그러기에 선택된 것이다. 그러나 많은 경우 '선택'이 아니라 '의무'가 되기도 한다. 즉 자신의 업무나 자리, 지위 때문에 어쩔 수 없이 사회를 봐야 하는 경우 말이다. 그런 상황에서 말재주가 없는 사람이라면 가슴이 떨릴 것이다. 더구나 행사가 크고 중요할수록 행사의 막이 오르면서 사회자가 가장 먼저 스포트라이트를 받게 마련인데 그가 버벅거려 보라. 행사 전체의 이미지를 그르칠 수 있다. 또는 사회자가 주어진 식순을 단순히 낭독하는 것에 그친다면 '실패'는 아닐지 몰라도 '성공' 또한 아니다. 어쩌면 행사의 격을 훨씬 높일 수 있는 기회를 망가뜨렸다는 측면에서 낙제점이라 할 수 있다. 따라서 당신이 사회를 봐야 될 상황에 직면한다면 다음의 요령에 따라 멋진 사회 스피치를 함으로써 돋보이는 기회를 만들어야 한다.

사회 스피치의 요령

(1) 완벽한 대본을 작성할 것

회사의 행사나 결혼식 등 사회를 볼 때는 일단 행사 진행 순서에 따른 대본을 작성한다. 이 단계에서의 요령은 상상력을 최대한 발휘하여 실제 행사에서 어떤 상황이 전개될지를 잘 살펴 완벽한 대본을 작성하는 것이다. 특히 행사 진행 순서 사이사이에 사회자로서 어떤 말을 하여 행사의 성격을 돋보이게 하고 분위기를 살릴 것인지 멋진 멘트를 작성해야 한다. 말주변이 없더라도 대본은 잘 작성할 수 있을 것이다.

(2) 읽지 말고 말할 것

이것이 참 중요하다. '읽지 말고 말하라'는 원칙은 모든 스피치에 해당되는 최고의 원칙으로 이 책의 여러 곳에서 강조하는 내용이다. 특히 원고나 시나리오를 가지고 스피치를 할 때 말을 잘하는 사람과 못하는 사람의 차이는 이것에서 나타난다. 말주변이 없는 사람은 대본을 그냥 읽는다. 토씨 하나 빼지 않고 말이다. 대본은 그대로 읽으라는 것이 아니다. 그 내용을 갖고 현장의 상황에 맞춰 적절한 융통성을 발휘해야 한다. 읽는 것이 아니라 자연스럽게 말하는 기분이 나도록 읽는 것, 그것이 요령이다.

(3) 본분을 잊지 말 것

사회자는 사회자일 뿐이다. 사회자는 '행사 진행의 꽃'이지 '행사의 꽃'이 아니다. 행사의 주인공이 아니라는 말이다. 미국 인기 토크쇼 『투나잇 쇼』를 30년 이상 진행하고, 여섯 번이나 에미상을 수상한 전설의 토크쇼 진행자 자니 카슨John William Carson이 사회자를 가리켜 "반드시 존재하면서도 반드시 존재할 필요가 없는 듯이 행동하는 것이 사회자의 가장 좋은 태도"라고 한 말을 가슴에 담아둘 필요가 있다.

진행자는 진행이 자신의 역할이요 몫이다. 따라서 자신의 본분을 잊어서는 안 된다. 어떤 사회자는 연사를 소개하면서 연사가 해야 할 말을 자신이 미리 알고 있기라도 한 듯이 장황하게 안내하는 스피치를 하는가 하면, 어떤 사회자는 연사의 말이 끝난 이후 그것을 요약하여 간단히 스피치하는 것을 넘어 평가까지도 하는데, 그것은 역할을 뛰어넘어 시건방진 짓이다.

(4) 절대 오버하지 말 것

사회자는 사회자로서의 한계가 있다. 자신의 말솜씨와 능력을 뽐내고 싶어 사회자가 오버하면 낙제점이다. 절도와 절제, 이것을 한시도 잊어서는 안 된다. 사회자의 스피치란 식순에 따라 약간의 양념처럼 뿌려지는 것이지 장광설을 늘어놔서는 안 된다.

강의를 하러 갔을 때 가장 쑥스러운 순간은 단상에 앉아서 '강사 소개'를 받을 때다. 사회자의 소개말에 따라 청중은 강사와 사회자를 번갈아 보면서, 마치 얼굴에서 경력을 확인하려는 듯한 기세를 보인다. 이때 강사의 권위를 높여주려고 장황하게 소개하는가 하면 때로는 과장하여 뻥튀기를 하는 사회자도 있는데, 이거야말로 '오버'다. 때로는 "강사님이 엄청 웃겨주실 겁니다"라는 식으로 미리 김을 빼버리는 사회자도 있는데, 이 역시 마찬가지다. 사회자가 할 말과 초청된 사람이 해야 할 말을 정확히 구분하고, 그 경계를 넘지 말아야 한다.

(5) 유머를 남발하지 말 것

사회자로서 마이크를 잡으면 어떻게 해서든 청중을 웃기고 싶은 충동을 느끼는 것 같다. 청중이 웃어줘야 자신이 유능한 사람임을 보여주는 것으로 착각하는 것이다. 그러나 주빈보다 돋보이는 것은 사회자의 금도다.

사회자가 스피치를 하게 되는 '공간'은 오프닝과 클로징(마무리), 그리고 행사진행의 틈새시간이다. 이럴 때 유머를 활용하여 분위기를 좋게 하는 것은 사회자의 능력이다. 그러나 품격 낮은 농담, 남을 깎아내리거나 입장을 곤란하게 하는 유머, 그리고 계속되는 유머의 남발 등은 곤란하다. 행사의 분위기를 살짝 돋우는 유머 정도에 그쳐야지 본격적인 유머 스피치를 보여서는 안 된다.

(6) 항상 긍정할 것

사회자는 긍정의 화법을 발휘해야 한다. 사회자 중에는 재치 있게 말한다면서 청중이나 연사를 비하하여 풍자하는 수가 있는데, 그래서는 안 된다.

사회자는 밝고 명랑한 태도를 보이고 반듯하고 겸손한 자세를 취한다. 사회자의 품격이 행사의 품격이 된다. 따라서 사회자는 복장, 용모에서부터 말씨, 자세에 이르기까지 품격을 지키고 예의 바르게 해야 한다. 언어의 사용, 용어의 선택에도 신중을 기해야 함은 물론이다.

사회자는 연사를 소개하고 연사의 권위를 올려주는 사람으로서 결코 자신의 자랑이나 선전을 해서는 안 된다.

(7) 돌발상황에 유연히 대응할 것

아무리 완벽한 대본을 작성했다 하더라도 현장의 상황은 다를 수 있다. 내빈을 소개하는데 그 자리가 비어 있다든가, "다음은 국기에 대한 경례를 하겠습니다"라고 했는데 국기가 준비되어 있지 않거나 음악이 나오지 않을 수도 있다. 이런 돌발상황을 어떻게 재치 있게 넘기느냐에 따라 사회자의 능력이 돋보인다.

> "사회 스피치는 거의 대부분 준비 스피치다.
> 준비할 시간이 있다는 말이다.
> 따라서 완벽한 대본을 작성해야 한다.
> 심지어 어떤 유머를 사용할 것인지까지.
> 그러려면 현장의 상황에 최대한의 상상력을 동원하는 것이
> 요령이다."

내 방식 스피치

● 사회자의 재치 ●

고교 동문회 행사에서의 일이다. 행사 앞부분에 감사패를 수여하는 순서가 있었다. 동문회장 앞에 감사패를 받을 사람들이 죽 늘어섰다. 회장은 감사패를 들고만 있고, 내용을 읽는 것은 사회자였다(행사에 가면 그런 장면을 익숙하게 본다). 그런데 세 번째 차례에서 문제가 생겼다. 사회자가 호명한 이름과 동문회장의 앞에서 감사패를 받기 위해 서 있는 사람이 달랐던 것이다. 순간 회장과 그 앞에 선 대상자가 약간 당황했고, 참가자들 중에 이름이 바뀐 것을 눈치 채고 "이름이 틀렸어!"라고 소리치는 동창도 있었다. 그때 사회자가 재치 있게 한마디로 상황을 정리했다.

"죄송합니다. 제가 실수를 했습니다. 저는 1년에 한두 번 꼭 실수를 하는데, 오늘이 바로 그날이네요."

와우! 좌중에 폭소가 터졌다. 사실 누구의 실수인지도 알 수 없는 상황이다. 그럼에도 사회자가 자신의 실수라고 '셀프디스'를 하면서 유머로 위기를 돌파했다. 폭소를 터뜨리게 함으로써 사회자의 순발력과 능력을 돋보이게 했다. 그 사회자로서는 위기가 확실히 기회였다.

(나의 책 『이기는 유머, 끝내는 유머』 중에서)

자기소개
스피치

'인사 업무 계획, 가족 자랑 끝'
- -

　사회생활을 하다 보면 의외로 자기를 소개해야 하는 경우가 많다. 오랜만에 만난 동창회에서도 하게 되고, 여러 형태의 모임에서도 하게 된다. 이런 경우 거의가 즉석 스피치인데, 그러기에 막상 마이크를 잡으면 당황한다. 말주변이 좋은 사람은 순발력을 발휘하여 짧은 시간에 좋은 인상을 주기도 하지만, 때로는 장황하게 일장 연설을 함으로써 말주변 좋은 게 화근이 되기도 한다. 자기소개 역시 너무 짧아도 안 되고 길어도 곤란하다. 짧으면 자기를 알릴 좋은 기회를 날려버리는 게 되고, 너무 길면 이미지를 추락시킨다.

　사실 자기를 1분 이내에 어떻게 소개할 것인지는 평소에 준비해두는 것이 좋다. 동의한다면 멋진 자기소개의 원고를 만들어 스마트 폰에 저장해둘 필요가 있다. 그러나 실제에 있어서 그렇게 하는 사람은 거의 없을 것이다. 따라서 어떤 자리에서 자기소개를 해야 할 경우라면 얼른 다음의 공식을 머리에 떠올리면 된다.

이 공식을 꼭 기억하자

'인사 업무 계획, 가족 자랑 끝'

원래 이 공식은 나의 책 『멋지게 한 말씀』을 쓸 때 만든 것이다. 그때는 '이사하는 계획, 가족 자랑 끝'이었는데 '이사하는 계획'을 암기하고도 막상 활용하려고 할 때, 그것이 무엇을 의미하는 키워 드인지 기억이 잘 떠오르지 않는다는 의견이 있어 이번에 활용도를 높이도록 업그레이드하였다. 이것만 잘 기억해두면 말재주와 관계없 이 무난하게 자기소개를 할 수 있을 것이다. 자, 그럼 공식을 어떻게 활용하는지 보자.

먼저, '인사'다.

말 그대로 인사를 하라는 것이다. 허리를 굽혀 인사하며 이름을 말하고, 자신의 회사나 소속을 말하면 된다.

두 번째는 '업무'다. 인사를 끝내면 자기가 하는 일, 업무를 간단 히 말한다.

세 번째는 '계획'이다. 자신의 계획, 소망, 꿈 등 추구하는 것을 간단히 말한다.

네 번째는 '가족'이다. 자신의 가족관계를 말한다.

다섯 번째는 '자랑'이다. 자신에 대하여 자랑하고 싶은 것을 말한다. 홍보하고 싶은 것, 특별이 남과 다른 점, 부각시키거나 내세우고 싶은 점을 말하면 된다. 그렇다고 꼭 장점만 말하라는 것은 아니다. 때로는 단점을 말함으로써 호감을 살 수도 있다.

마지막으로 '끝'이다. 마무리 끝내기 인사를 하면 된다.

어떤가? '인사-업무-계획-가족-자랑-끝'. 이 공식만 암기하고 있으면, 자기소개 스피치는 끝난다. 물론 이 공식은 어디까지나 공식이다. 예외 없는 공식은 없다. 모임의 성격에 따라 분위기에 맞춰서 건너뛸 것은 건너뛰어도 무방하다. 그리고 한 가지 주의할 것은 이 공식대로 할 경우 자칫하면 자기소개가 길어질 수 있다는 점이다. 분위기에 맞춰 스피치의 길이를 적절히 조절하는 것이 요령이다.

또한 자기소개는 단순히 소개하는 것에 그치지 않고 그 기회에 참석자들에게 자신을 부각시키는 게 중요하니까 가급적 독특한 방법을 동원하여 깊은 인상을 남기도록 한다. 가능하면 PR성 캐치프레이즈를 동원하는 것도 좋다. 나의 지인 중에 '조금숙'이라는 이가 있는데, 어떤 행사에서 자기소개를 하는데 "조금조금 조금씩 발전해나가는 조금숙"이라고 소개하였다. 그 행사가 끝난 후에 보니 많은 이들 중에서 사람들은 그녀의 이름만 확실히 기억하고 있었다. 그만큼 자기소개를 잘했다는 의미가 된다. 사람들이 자신의 이름을

3행시로 만들어 소개하는 것도 그런 이유에서다. 이 기회에 당신의 이름을 멋진 3행시로 만들어두는 것도 좋을 것이다. 나는 강의 때 이렇게 3행시로 소개한 적이 있다.

조 : 조국 대한민국의 명강사입니다.

관 : 관상에 나와 있납니다.

일 : 일단 강의를 들어보시죠.

너무 자기자랑이 심하다고? 일부러 웃자고 그렇게 한 것임은 물론이다. 당신은 어떻게 자신을 소개할 것인가. 당신의 이름을 확실하게 기억시킬 재미있는 문장을 만들어보자. 말주변이 없는 사람일수록 이런 노력을 해야 한다.

"이 기회에 당신의 이름으로

멋진 3행시를 만들어 아래에 적어보자."

_____

프레젠테이션 스피치

스티브 잡스의 요령을 배우자

비즈니스 스피치에서 중요하게 다루는 장르(?)의 하나가 프레젠테이션이다. 어떻게 하면 프레젠테이션을 잘할 수 있을까? 그 요령은 많고도 많다. 그러나 그 요령을 모두 배울 수도 없고, 그럴 필요도 없다. 그럼 어떻게 한다? 세계 최고의 프레젠터라고 일컬어졌던 스티브 잡스Steve Jobs 딱 한 사람에게서 배우면 된다. 그의 프레젠테이션에 모든 요령이 다 있다. 말재주도 별로 없는 사람이 이 사람 저 사람 모두를 롤모델로 삼는 욕심을 부려서는 안 된다.

스티브 잡스의 프레젠테이션 기법도 여기서 모두 다룰 수는 없다. 그것이 필요하다면 그에 관한 책을 보고 훈련을 쌓으면 될 것이다.

'내 방식 스피치'와 관련하여 그의 방법에서 배울 것은 다음과 같다. 이를테면 스티브 잡스로부터 배우는 '프레젠테이션의 일곱 가지 노하우'다.

프레젠테이션의 일곱 가지 노하우

(1) Think Different

스티브 잡스라면 가장 먼저 떠오르는 그의 어록이 이것이다. 그렇다. 다르게 생각하고 다른 방법을 찾아야 한다. 이 어록을 스피치에 적용한다면 다른 사람들과는 다른 당신만의 독특한 방법을 찾으라는 말이 될 것이다. 당신 스타일의 프레젠테이션을 기획하라는 말이다.

(2) 탁월한 대본, 시나리오에 집중하라

파워포인트 슬라이드를 만드는 것은 나중의 문제다. 대본이 완벽하면 자연스럽게 동영상이나 그림, 시연 따위는 해결될 수밖에 없다. 따라서 프레젠테이션의 대본, 시나리오를 완벽하게 만들어야 한다. 그것만 해결되면 이미 절반의 성공이다.

(3) 노력을 쏟아라. 그러면 세 가지가 보인다

프레젠테이션을 준비하는 과정에서 얼마나 노력을 쏟아붓느냐에 따라 프레젠테이션의 품질이 달라진다. 노력을 한 것과 아닌 것은 알게 모르게 청중에게 전달된다. 온갖 정성을 다하여 최선의 노력을 쏟아부으면 프레젠테이션에 열정이 보이고, 아이디어가 보이며, 내공이 보인다.

(4) 청중의 관심을 이끌어내라

프레젠테이션의 성공여부는 청중이 얼마나 그것에 몰입하고 관심을 두느냐에 있다. 그러려면 프레젠테이션을 통해 어떻게 청중의 관심을 끌어모을 것인지 고민하게 되고, 고민하면 자연스럽게 아이디어가 나온다. 스티브 잡스가 프레젠테이션을 할 때에 '시연'에 중점을 두는 것은 바로 그래서다.

(5) 생생한 표현을 하라

자, 최대의 노력을 쏟아부어 대본이 완성됐다. 파워포인트 슬라이드도 완성됐고, 어떻게 시연할지 등의 구체적인 액션 계획도 수립되었다. 이제 실제로 프레젠테이션을 해야 할 차례다. 스피치를 한다. 이때 유의할 으뜸은 절대로 말을 어렵게 하지 말라는 것이다. 잡스가 신제품을 소개할 때 사용하는 단어들은 세 가지 특징을 가지고 있다. 첫째, 전문용어와 긴 단어를 쓰지 않는다. 둘째, 길고 추상적으로 설명하지 않고 간결하고 구체적으로 설명한다. 셋째, 감정을 드러내는 형용사를 많이 쓴다는 것이다. 아무리 학문적인 이론을 설명하는 자리라 하더라도 가능한 한 쉬운 말로 생생하게 표현하는 것이 좋다.

(6) 연습하고 또 연습하라

잡스는 한 번의 프레젠테이션을 위해 몇 주 동안을 연습한다. 오랜 시간에 걸쳐 치열한 연습을 한다. 프레젠테이션의 자료를 만들기 위해 몇 주 동안 준비하는 사람은 있어도 그 각본을 계속 수정하며 몇 주 동안 스피치를 연습하는 사람이 몇이나 될까? 바로 이 점을 말재주 없는 사람은 꼭 배워야 한다. 그 정도로 집요한 노력을 해야 하는 것이다.

잡스의 프레젠테이션은 수많은 사람들이 몇 주에 걸쳐 준비하고 조율한 끝에 완성된다. 잡스는 시연 5분을 준비하는 데 수백 시간을 들인다는 것이다. 몇 시간이 아니라 '수백 시간'말이다. 그는 자신의 프레젠테이션 모습을 동영상으로 촬영하여 꼼꼼히 살펴보고 수정하면서 연습을 계속한다. 그러기에 실제의 프레젠테이션에서는 매우 자연스럽게 이야기하듯이 할 수 있는 것이다.

(7) 배우가 되라

"스티브 잡스는 무대 위에서 빈틈없는 연기를 선보이는 최고의 배우다."『스티브 잡스 프레젠테이션의 비밀』의 저자 카마인 갈로 Carmine Gallo 는 그렇게 말했다. 잡스는 수많은 연습을 통하여 억양의 강약과 목소리의 높고 낮음, 말의 속도, 청중과의 눈맞춤, 적절한 제스처를 완벽하게 실행한다. 그가 타고난 쇼맨십이 있어서일까? 아니다. 그는 완벽한 프레젠테이션 배우가 될 때까지 연습을 거듭했다. 당신도 그렇게 하면 된다.

자, 어떤가? 카마인 갈로는 잡스의 비결을 전하면서 우리에게 반문한다. "당신은 프레젠테이션을 오랜 시간 동안 치열하게 연습한 적이 있는가?"라고. 당신은 어떻게 답할 것인가? 이상의 일곱 가지 중에서 당신이 못할 것이 무엇인가? 말재주가 없기에 불가능하다고 핑계를 댈 수 있는 부분이 있는가?

스티브 잡스의 프레젠테이션 화법

잡스가 배우의 진면목을 보이는 것은 프레젠테이션 화법에서다. 그는 연기하는 배우처럼 스타일 있게 말한다. 기억해두자. 스타일 있게! 연기하듯 스타일 있게 말한다는 것은 다음의 네 가지가 핵심이다. 이 역시 꼭 기억해두자.

첫째, 억양을 내용에 따라 높이거나 낮추는 것, 그리고 침묵을 활용하는 것.

둘째는 프레젠테이션을 서두르지 않고 핵심적인 내용을 말한 후에는 몇 초 동안 아무 말도 않고 침묵하는 것.

셋째는 목소리의 크기를 낮추거나 높이는 것. 즉, 중요한 이야기를 할 때는 목소리를 낮추며 결정적인 순간에 목소리를 높인다(때로는 반대로).

넷째는 말하는 속도. 보통의 속도로 말하지만 핵심 메시지를 전달할 때는 속도를 늦추는 것 등이다.

(카마인 갈로, 『스티브 잡스 프레젠테이션의 비밀』, 김태훈 옮김, 랜덤하우스, 2010.)

이런 것들을 철저히 연습하고는 각본을 읽는 표시를 전혀 내지 않으며 아주 자연스럽게 청중과 눈을 맞추고 열린 동작과 제스처로 청중에게 다가가는 것이다. 한마디로 철저히 계산된 행동으로 명연기를 하는 것이다. 배우처럼.

어떤가? 기막힌 비법이 있을 것으로 기대한 사람에게는 실망스런 비결일지 모르겠다. 그러나 원리는 이렇게 평범하고 간단하다. 단, 그것을 지독하게 실행하는 사람이 적을 뿐이다. 미안하지만 당신마저도.

> "당신이 프레젠테이션을 해야 할 기회가 있다면
> 이상에서 다룬 잡스의 기법을 그대로 실천하면 된다.
> 세계적 천재도 저토록 노력하는데
> 말재주 없는 사람이 노력조차 안 한다면?"

건배 스피치

1분의 승부, 스피치의 기본

어떤 모임에서다. 젊은 신입사원에게 건배 제의의 순서가 주어졌다. 신세대의 젊은이는 어떻게 건배사를 하는지 유심히 신경을 곤두세워 살펴봤다. 평소에 친구들과의 대화에서는 그렇게도 말 잘하는 신세대가 잔을 들고 자리에서 일어서더니 어쩔 줄을 몰라 한다. 버벅거린다. 한마디로 실망이다. 그런 센스, 그런 능력이 안타까웠다.

일반적으로 우리들이 가장 자주 접하게 되는 스피치의 기회를 꼽으라면, 단연 건배 스피치일 것이다. 이는 누구나 수시로 맞닥뜨리는 스피치 기회다. 그럼에도 짧은 건배사 하나를 멋지게 하는 사람은 의외로 많지 않다. 고작 썰렁한 3행시나 읊고 있을 정도다. 그 정도의 센스나 요령으로 어떻게 사회생활에서 돋보일 수 있을까? 이는 말재주가 있냐 없냐의 차원이 아니다. 간단한 건배 스피치에 무슨 말재주 타령을 할 것인가.

건배 스피치는 즉석 스피치의 전형이라 할 수 있다. 그러니 앞에서 다룬 즉석 스피치의 요령을 참고하면 된다. 그러나 건배 스피치는 보통의 즉석 스피치와는 달리 일정한 형식을 갖고 있다. 그러기에 말재주 없는 사람이라도 그 형식을 알고 대처하면 얼마든지 좋은 건배사를 할 수 있다. 그 형식과 요령은 이렇다. 딱 3단계다.

건배 스피치의 형식과 요령

(1) 들어가기

이 단계에서는 자기가 누구인지 인사를 하거나 "그럼 제가 건배를 제의하겠습니다" "잔에 술을 가득 담아주십시오" "잔을 높이 들어주십시오" 등 건배에 들어가는 것이다. 만약 뒤이어 나오는 스피치를 약간 길게 할 생각이면, "잔을 잠시 내려놓으세요"라고 할 수도 있다.

(2) 한 말씀

당신이 하고 싶은 말을 하면 된다. 대개가 덕담 수준의 간단한 이야기를 한다. 그 행사 또는 모임의 성격과 의미, 당신이 그 자리에서 느낀 감상 등을 엮어 말하면 된다. 스피치의 내용은 시간·장소·상황T·P·O에 따라 달라야 함은 물론이다.

축하를 하는 자리라면 진심으로 축하하는 말을 하면 되고, 석별의 정을 나누는 자리라면 그 아쉬움을 대화하듯이 담으면 된다. 그러면서도 재치 있고 유익하면 금상첨화다. 말재주도 없으면서 괜히 말을 길게 하여 횡설수설하지 말라. 더구나 모두들 잔을 들고 있는 상태라면 정말 눈치 없는 사람이 된다.

(3) 건배 제의

이제 드디어 건배를 제의한다. (2)단계에서 말한 것과 건배 제의를 연결지어 말하면서 건배 구호에 대하여 안내하고, 건배를 하면 된다. 대개의 경우 이렇게 정형화되어 있다.

"(앞에서 스피치한 내용) 그 의미를 이 잔에 담아 건배를 제의하겠습니다(만약 처음에 잔을 내려놓으라고 했다면 이 시점에서 '잔을 높이 들어주십시오'라고 말한다). 건배 구호는 '○○○○'로 하겠습니다. 제가 먼저 '○○○'라고 외치면, '○○○'라고 화답해주시기 바랍니다(또는 힘차게 외쳐주시기 바랍니다). '○○○!'"

이렇게 끝내는 것이다.

여기서 한 가지 중요한 것이 있다. 건배 구호를 무엇으로 할 것인가이다. 요즘 건배 구호의 대세는 3행시 형태의 축약어다. 그런데 이게 문제다. 당신보다 앞서서 건배사를 말한 사람들이 이미 3행시 형의 건배 구호를 외쳤을 것이다. 그런데 당신마저 눈치 없이 계속 그런 식 구호를 외쳐댄다면 마치 3행시 경진대회를 하는 것 같아 매우 촌스럽고 경망하고 재미도 없다. 따라서 3행시 형 구호는 제발이지 삼가라고 권한다. 말재주 없는 사람이 3행시 형의 구호를 외치면 더더욱 말재주 없는 것이 돋보인다. 역으로 당신이 밀재주가 없기에 과감히 3행시 형을 벗어나 당신 특유의 건배 구호를 하는 게 이치에도 맞다. 따라서 내가 권하는 건배 구호는 '표어형' 구호다. 예를 들면 이런 것이다.

앞부분이 당신이 선창하는 구호요, 뒷부분이 화답하는 구호다. 둘이 합하여 하나의 표어가 되는 셈이다.

'사랑합니다/존경합니다'

즉, "제가 먼저 '사랑합니다'라고 외치면 '존경합니다'라고 화답해주시기 바랍니다." 이렇게 하는 것이다(이하 같다).

'행복해라/친구야'

'친구야/사랑한다'

'팀장님/힘내세요'

'언제나/행복하자'

더 이상 열거 안 해도 어떻게 하는지 알 것이다. 그 모임의 분위기에 알맞는 내용을 골라 그렇게 하면 된다. 때로는 회사나 모임의 캐치프레이즈를 앞 소절과 뒷 소절로 나눠서 할 수도 있을 것이며, 때로는 '우리 회사/좋다, 좋다, 좋다' 식으로 뒷부분을 여러 번 반복하여 분위기를 띄우기도 한다. 잘 응용하면 될 것이다

위의 3단계를 모두 합하여 건배 제의를 한다면 이렇게 되겠다.

"제가 건배를 제의하겠습니다.

잔을 들어주시기 바랍니다.

오늘 뜻깊은 이 자리에서…… (이하 생략 : 짧은 스피치).

그런 의미에서(또는 '그런 마음을 잔에 담아') 건배를 제의합니다.

건배 구호는 제가 '팀장님'이라고 외치면, 여러분은 '사랑합니다'라고 화답해주시기 바랍니다. 팀장님!"

"지혜로운 사람은 평소에
즉석 스피치를 위한 건배사를 준비해 가지고 다닌다.
이는 마치 갑자기 '한 곡조' 뽑아야 할 때에 대비하여
'18번곡'을 한두 가지 준비해두는 것과 같은 이치다."

내 방식 스피치

인터뷰 스피치

방송이나 신문의 특성을 알아야

"그것에 대하여 한 말씀 해주세요."

TV 방송사에서 홍보담당 P를 찾아왔다. 최근 이슈에 대하여 '한 말씀'을 부탁한 것이다. 마이크를 들이대고 녹화가 시작되자 P가 청산유수로 말을 이어간다. 그날 저녁, TV 뉴스를 본 P는 크게 실망했으리라. 자신은 3분 정도 말을 했으니 뉴스 시간에 꽤나 긴 시간 동안 자신의 인터뷰가 나올 것이라 기대했겠지만, 실제로 방송된 것은 5초에 불과했으니까.

나의 경우, 누군가 내게 인터뷰 요청을 하면 실제로 몇 초 정도 방송되는지를 꼭 묻는다. 뉴스에 등장하는 인터뷰는 길어야 10초 내

외임을 잘 알기 때문이다. 그래서 기자의 답을 듣고 그에 맞추어 간략히 말한다. 이것이 인터뷰 스피치의 요령이요 센스다.

스피치란 꼭 단상에서 마이크를 잡고 대중을 상대로 하는 것이 아니다. 요즘처럼 신문·TV·라디오·영화·잡지 등 매스미디어가 발달하여 이에 노출될 기회가 많아진 세상에서는 인터뷰도 중요한 비즈니스 스피치의 한 영역을 차지한다. 때로는 개인적으로, 때로는 회사를 대표하여 인터뷰를 하게 되는데, 이에 능숙한 이를 별로 보지 못했다.

심지어 유명한 아나운서 중에도 자신이 인터뷰의 대상이 되면 버벅거리는 경우를 나는 많이 봤다. 원고나 프롬프터에 익숙해 있던 방송인일수록 더욱 그렇다. 그러니 일반인이야 말할 것도 없다.

TV 뉴스에서 등장인물이 인터뷰하는 장면을 보면 미국인(또는 서양사람)들은 확실히 말을 잘한다. 일반 시민은 말할 것도 없고, 스피치와는 거리가 멀 것 같은 운동선수들조차도 청산유수다. 마치 평소에 인터뷰 준비를 하고 있었던 것처럼 군더더기 없이 조리 있게 물 흐르듯 말한다. 반면에 우리네는 어떠한가. 쑥스러워하고 버벅거린다. 논리가 없고 핵심이 없다. 인터뷰 장면이 방송되기까지 몇 번의 NG가 있어 여러 번 반복했을 것임에도 말이다.

왜 그런 차이가 날까? 이유는 간단하다. 미국인들은 어렸을 때부터 남들 앞에서 스피치하는 교육을 많이 받는다. 학년이 높아지고 대학에 입학하면 글쓰기 훈련을 집중적으로 받는다. 하버드 대학의 글쓰기 강좌는 유명하지 않던가. 그러니 그런 결과가 나온다. 반면에 우리는 어떤가? 우리의 실상을 미국과 비교하며 장황하게 설명할 필요도 없다. 당신의 어린 시절과 학창시절을 돌아보면 된다.

인터뷰는 이렇게 한다

인터뷰를 어떻게 한다? 요령은 간단하다.

첫째는 당신의 면전에서 인터뷰를 하고 있는 인터뷰어가 대상이 아니라 그 회견의 내용을 접할 보이지 않는 청중을 생각하며 말을 해야 한다. 그 청중들이 무엇을 알고 싶어하는지, 그리고 당신이 그들에게 무엇을 말하고 싶은지를 내용으로 삼아 말하면 된다.

둘째는 인터뷰를 하는 방송사 또는 신문이나 잡지사 기자의 입장을 생각해야 한다. 왜 그들이 당신에게 인터뷰를 요청하는가? 그들은 무엇을 방송 또는 신문이나 잡지에 내보내고 싶어하는가? 즉 뉴스가 될 수 있는 메시지가 담겨야 한다는 것이다. 평범한 상식은 필요 없다. 기자가 콕 찍어서 활용할 말을 해줘야 한다.

셋째로 중요한 것은 매스미디어의 특성을 알고 핵심 위주로 짧게 말해야 한다는 사실이다. 인터뷰는 연설이 아니다. 회견이라는 형식의 '대화'에 가깝다. 그러기에 장황하게 말하면 핵심이 흐려질 뿐만 아니라 방송의 경우에는 편집되어 잘려나간다. 방송이나 신문이나 잡지는 시간과 지면의 한계가 있다. 그런데 장황하게 말을 해?

언젠가 방송에 출연하여 추석특집 녹화를 한 적이 있었다. 진행자가 여러 명이었고, 출연자 또한 예닐곱 명이 넘었다. 스튜디오에서 그 상황을 확인한 나는 당황스러웠다. 자칫하면 들러리 역할에 그치고 마는 것이다. 한 사람에게 주어질 시간은 뻔한 것이니까. 그래서 내게 질문이 왔을 때 10초 내외로 짧게 두어 번 이야기를 했다. 내 옆자리에 앉아 있던 대학교수는 학식이 많은 탓인지 길게 설명을 하고 장황하게 주장을 펼쳤다. 추석 전날, 드디어 그 프로그램이 방송될 때 나는 배꼽을 잡고 웃었다. 나의 인터뷰 내용은 고스란히 모두 방영됐는데, 그 교수는 자리를 차지하고 있는 장면만 보였지 단 한마디도 나오지를 않았다(방송국에서 그의 말을 끊어서 사용할 수가 없었던 모양이다). 교수가 방송국에 항의하지 않았는지 모르겠다. 방송에 나온다며 고향에서 친척들과 함께 TV 앞에 앉아 있을 장면을 상상하니 배꼽을 잡을 수밖에.

인터뷰는 자칫 설화를 입을 위험성이 크다. 방송이나 신문 등을 통해 전국 방방곡곡에 전해질 것이기 때문이다. 그래서 정제된 말을 사용해야 하며, 그 인터뷰를 보는 사람들이 매우 다양하다는 점을 알고 표현의 선택에 유의해야 한다. 하지 않아도 될 말을 함으로써 회사의 입장을 곤란하게 하고, 그럼으로써 인터뷰를 안 한 것만 못한 경우도 많다. 괜한 말로 후유증을 남기는 경우를 많이 보지 않던가. 특히 의중을 떠보기 위해 인터뷰어가 짓궂게 비꼬아 던지거나 또는 붕 띄워주는 말에 흥분하여 천기를 누설해서도 안 된다. 특히 기자들과의 인터뷰는 두뇌싸움인 수도 많다. 그런 점을 고려하여 쌈박한 스피치가 되도록 머리를 써야 한다.

> "짧은 시간에 간단히 이뤄지는 인터뷰일수록
> 요령과 센스가 절대적으로 필요하다.
> 인터뷰어가 당신을 선택한 이유와 의중을 읽어야
> 멋진 인터뷰를 할 수 있다."

• 마이웨이 인터뷰 화법? •

인터뷰를 잘하는 사람으로 나는 김종인 더불어민주당 전 대표를 꼽는다. 언젠가 나는 블로그를 통해 그분(이하 '그'라고 한다)의 화법을 다룬 적이 있다. 그에 대한 호불호나 정치적 입장과는 관계없이 그의 인터뷰 화법이 매우 흥미로웠기 때문이다. 언론에서 '마이웨이My Way형' 화법이라고 했는데, '마이웨이'를 우리말로 옮기면 무엇인가. 바로 '내 방식' 아닌가. 그의 화법에서 한 수 배워보자. 특히 곤란한 질문을 피해가는 요령이 압권이다.

그가 대표로 영입됐을 때 더불어민주당은 안철수 의원의 탈당 등으로 심각한 위기였다. 그러나 그는 한순간에 상황을 장악하고 난파 직전의 민주당을 살려냈다. 오죽하면 보수 성향의 언론에서조차 '신의 한 수'라고 했을까? 어떻게 장악했을까? 여러 분석이 있지만, 나는 그의 '말'에 주목한다. 정치는 결국 말이니까. 특유의 마이웨이 화법 – 내 방식 화법이다. 몇 가지만 짚어보자.

먼저 '얼렁뚱땅 화법' 또는 '알쏭달쏭 화법'이다. 김 대표는 경기도 파주의 군부대를 방문한 자리에서 장병들을 격려하다가 "장병들이 국방 태세를 튼튼히 유지하고 우리 경제가 더 도약적으로 발전하면, 언젠가 북한 체제가 궤멸하고 통일의 날이 올 것을 확신한다"고 말했다. 일반 국민들이 보기엔 아무 문제가 없는데, 전통적(?) 야권에서 들고 일어났다. "궤멸이란 용어는 바람직하지 않다"고 말이다. 이에 대한 그의 언급이 재미있다.

"다 생각이 있어서 그렇게 말한 것"이라며 알쏭달쏭하게 넘어간다. 나는 이 장면에서 낄낄낄 웃었다. "다 생각이 있어서"라는데 할 말이 없잖은가? 더 깊이 물어보면 "비밀이야!"라고 말하면 그만일 것이다. 그 대답에 덧붙여 한방 먹였다. "궤멸이 무슨 뜻인지 국어사전을 찾아보라"고 말이다. 그래서 국어사전을 찾아봤더니 '완전히 무너져서 없어지다'와 '완전히 무너뜨려 없어지게 하다'의 두 가지 의미가 있었다. 수동과 능동의 의미가 양존한다. 기존의 야권은 후자의 해석을, 김 대표는 전자의 해석을 한 듯하다. 절묘하지 않은가?

김 대표의 화법을 한마디로 정의하면 '돌직구 화법'이다. 말을 돌리지 않고 단도직입적으로 제대로 날린다. 박근혜 대통령의 신년 기자회견을 보고는 "말은 많이 했지만 내용은 별로 없었다"고 직구를 날리는가 하면, 자신이 더불어민주당에 "얼굴마담으로 영입된 것 아니냐"는 비아냥에는 "사람 잘못 봤다"고 한마디로 결론 낸다.

소위 '운동권'에서조차 함부로 대하지 못하는 진보계 원로들의 쓴소리에 대하여는 "옛날에 사는 분들이니까 유념할 필요가 없다"고 간단히 정리한다. 기자들이 '옛날'이라는 데 주목하여 "연배가 비슷하지 않냐?"고 슬쩍 걸고 넘어가자, "사고思考가 다르다"고 뭉개버린다. 이름하여 뭉개기 화법.

야권에서 "정체성" 운운하자 이렇게 응수했다. "고정관념에 매여 정체성 타령하는데, '정체성이 뭐냐? 그걸 가르쳐달라'고 하면 아무도 대답 못한다"고 뭉갰다. 야권과 코드가 맞지 않은 인사를 영입한 데 대하여 일관성이 없다고 비판하자 "일관성이 밥먹여주는 줄 아느냐!"고 일갈하는가 하면, "정당이란 원래 말이 많다. 그런 소리 하는 사람, 저런 소리 하는 사람도 있구나 하고 그냥 지나가는 거지"라며 대수롭지 않게 뭉개버린다. 강성 야권에서 비판하고 공격하자 "특별히 관심 가질 필요는 없다"고 말했고, 어떤 거물급 인사가 그를 걸고 넘어가는 글을 SNS에 올리자 "심심하니까 글 한 번 쓰는 것"이라고 깔아뭉갠다. 그것을 보고 국민의당에서 "예의를 지키라"고 반발하자, "무슨 예의를 지키나. 쓸데 없는 소리를 하니까 그렇지"라고 무시해버렸다. 그는 그렇게 견제와 질시가 넘실대는 정치판을 말로써 평정했다. 대단한 배짱이요, 내공이며, 배울 만한 화법이다. 특히 정치인이라면.

물론 저런 화법들(여기에 등장하는 모든 화법은 내가 이름 붙인 것이다)에 대하여 다른 시각, 다른 비판이 있을 수 있다. 궤변이라는 지적도 있을 수 있다. 이런 화법이 회사와 같은 일반 조직에서는 바람직한 화법이 아닐 수도 있다. 그러나 '정치화법'으로는 분명히 실효성이 있다고 본다. 그를 비판하는 이들은 그의 화법을 '마이웨이My Way형'이라 한다. 지나치게 고집이 세고 소신이 강해서 '쌍방향(Two-Way)'이 아닌 독단의 '일방향One-Way' 소통이라는 비판이다. 그러나 "꿩 잡는 게 매"라는 말도 있듯이, 화법이든 소통이든 상황을 무시할 수는 없다.

그리고 더 중요한 것은 그의 마이웨이식 돌직구 화법이 통하는 바탕에는 좋든 나쁘든 '내공'이 있음을 알아야 한다. 여러 정권을 섭렵(?)하며 4선의 국회의원을 지낸 것은 그렇다 치고, 독일에서 공부한 경제학 박사이며, 교수 출신으로서의 내공 말이다. 그리고 75세가 넘은 나이의 경쟁력까지. 그런 면에서 나이는 확실히 경쟁력이요, 내공이 있어야 스피치도 제대로 된다는 교훈을 얻는다.

• 상황별 스피치 •

즉석스피치 :
현장의 상황에 맞춰라

사회 :
대본대로 하고 오버하지 마라

자기 소개 스피치 :
인사 업무 계획, 가족 자랑 끝

프레젠테이션 :
스티브 잡스의 비결은 연습,
또 연습

건배 스피치 :
한 말씀 정도는 평소에 준비해두라

6

필수적인
스피치 공식들

긴급 상황에서 떠올려야 할 스피치 공식

말재주 없는 사람들에는 공통된 소망이 있다.

"뭐 좀 확실한 요령이 없습니까?" "간단하게 습득힐 스피치 공식 같은 것 없습니까?"

오죽 답답하면 그러랴. 스피치할 기회는 많아지고 재주는 없어서 자신은 없고……. 그러다 보니 화끈한 요령과 공식을 소망한다. 솔직히 말해서 스피치가 공식으로 되는 것은 아니다. 스피치는 현장의 상황과 청중과의 화학적 작용이 일어나야 가능한 종합예술이다. 말이란 아 다르고 어 달라서 공식 같은 것으로 규격화할 수가 없다.

그럼에도 불구하고 가능한 방법을 찾아서 말재주 없는 사람이 손쉽게 익힐 수 있는 기법을 제시하고자 하는 것이 이 책을 쓰는 목적이요 방침이다. 그래서 이 책 구석구석에 그런 요령과 기법을 소개하고, 공식 같은 것을 제시하였다. 제5장에서 '자기소개 스피치'의 공식으로 소개했던 '인사 업무 계획, 가족 자랑 끝'이 바로 그런 경우다. 그러나 이 장에서는 더욱 본격적으로 말재주 없는 사람이 긴급한 상황에서 떠올려 위기를 벗어날 필수적인 공식 몇 가지를 더 소개하려고 한다. 잘 익혀서 '말'에 대한 소망을 이루도록 하자.

즉석 스피치 공식

긴급 상황에서 떠올려야 할 공식

　스피치 중에서도 가장 힘든 것은 역시 즉석 스피치이다. 어떤 모임이나 행사에 참석했는데 사회자가 당신에게 "한 말씀 부탁합니다"라고 한다면 어떻게 하겠는가. 거절할 수 없는 상황에서 말이다. 더구나 당신은 말재주까지 없는 사람이다. 앞이 캄캄할 것이다. 머릿속이 하얘질 것이다. 아무리 당신이 스피치 훈련을 받고 그에 대한 책을 수십 권, 아니 수백 권을 읽었더라도 그 순간은 무용지물이다. 당장 마이크를 잡고 단상에 서야 할 상황에서 예전에 받은 훈련이나 책의 내용이 무슨 소용인가. 당장 스피치를 해야 하는 순간에 과연 무엇이 기억날 것인가? 아무것도 생각나지 않을 것이다. 그래

서 무용지물이라는 것이다. 바로 이 위기의 순간에 대비할 목적으로 궁리 끝에 만들어낸 공식이 있다. '5사'가 바로 그것이다.

원래는 '4사'였는데 이 공식을 만들게 된 에피소드가 있다. 어느 날, 바깥 나들이를 하고 돌아온 아내가 내게 말했다. "어떻게 하면 스피치를 잘할 수 있죠? 멋지게 한 말씀 하는 요령을 책으로 써보라"고. 웬 스피치? 평생, 스피치와 담쌓고 산다고 여겨지던 아내가 왜 그런 요구를 하는지 알아보니, 전업주부인 아내조차도 동창회나 계모임 등 각종 공·사적 모임에서 '한 말씀' 해야 할 경우가 종종 있다는 것이다. 그때마다 곤혹스럽다고 했다.

아하! 그렇겠구나, 공감하였다. 그러면서 아내가 뜬금없이 던진 "멋지게 한 말씀"이라는 말에 필이 꽂혀서 집필한 책이 베스트셀러 『멋지게 한 말씀』이다. 그 책을 쓰는 과정 내내 나는 이 책이 과연 내 아내에게 도움이 될 것인가를 생각하면서 집필하였다. 그러다가 평소 스피치를 할 기회도 드물고 스피치 훈련을 받을 수도 없는 나의 아내가 긴급한 상황에서 요긴하게 써먹을 공식을 만들어야겠다고 작심하고 만들어낸 것이 바로 '4사'다. 그야말로 말재주 없는 아내를 위한 공식이었다. 내용은 이렇다.

'5사'를 떠올려라

'4사'란 '인사, 감사, 찬사, 헌사'의 네 가지 '말씀(사)'을 의미한다. 즉, 사회자로부터 즉석 스피치를 요청받으면 바짝 긴장하여 단상에 오를 것이다. 이때 수백 권의 화술 관련 책이고 뭐고 다 필요 없다. 즉각 '4사'를 떠올리면 된다. '인사, 감사, 찬사, 헌사'를 떠올리면 된다. 그리고 그 순서대로 말하면 된다. 순서조차 가물가물하다면 헷갈려도 관계없다. 어쨌거나 '4사'만 생각하고 기억나는 순서대로 말하라.

첫째, 인사다. 말 그대로 인사를 하라. "안녕하세요. ○○○에 근무하는 ✱✱✱입니다. 이렇게 뵙게 돼서 반갑습니다" 등 당신이 할 수 있는 인사를 모두 하면 된다. 인사를 하는 거야 당연하다고? 사람들 중에는 긴장한 나머지 스피치를 끝내고 단상을 내려가서야 '아 참! 내가 누군지 밝히는 것을 깜빡했네'라며 가슴을 치는 이도 적지 않다.

인사가 끝났으면 다음은 두 번째, '감사'다. 감사할 것을 다 말하면 된다. 당신에게 말할 수 있는 기회를 준 것에 감사하고, 좋은 음식을 만들어준 것에 감사하며, 또는 어떤 사람에 대한 감사를 해도 된다. 하여튼 감사할 것을 모두 감사하라.

다음은 '찬사'다. 칭찬의 말을 하라는 것이다. 음식의 맛에 대한 칭찬도 좋고, 그런 행사를 훌륭히 기획한 주최측에 대한 칭찬도 좋다. 때로는 사람에 대한 찬사도 될 것이다. 하여튼 칭찬할 만한 것은 모두 칭찬하면 된다.

이제 남은 것은 '헌사'다. 바치는 말이다. 예를 들어 "아무쪼록 내내 건강하고 행복하시기를 빕니다"라고 해도 되고, "어디서 무엇을 하시든지 승승장구하시라"고 말해도 된다. 그 모임과 행사의 성격에 맞춰 바치는 말을 하면 된다.

어떠한가? 간단하지 않은가? 여기까지가 바로 나의 아내를 위해서 만들었던 '4사'다. 그럼 '5사'는 무엇이냐고? 4사에 한 가지를 더 추가한 것이 바로 5사인데, 그 한 가지란 바로 '결사'다. 결사란 맺음말이다. 마지막 인사를 하라는 말이다. 건배 제의를 하게 된 상황이라면, 앞에서 말한 4사를 하고 난 후 이제 끝맺음을 해야 한다. 예를 든다면 "이상 말씀드린 모든 것을 이 잔에 담아 건배를 제의하겠습니다" 이렇게 말하는 것이 맺음말이 될 것이다. 또는 "다시 한 번 이 귀한 기회를 주신 주최측에 감사드립니다" 식으로 한 번 더 강조하여 끝내도 된다.

어떤가? 기억하기 힘들다고? 단상에 오르면서 바짝 긴장하고 있는데 4사든 5사든 기억이 나겠냐고? 정말로 이 정도도 기억 못하겠다면 스피치는 하지 마시라. 병이니까.

"갑자기 스피치를 할 상황이라면
단상에 오르면서 '5사'를 떠올려라.
그리고 그 다섯 가지를 생각하며 천천히 말을 이어가면 된다.
그러면 위기를 기회로 만들 수 있다."

오·이·엠·씨

오이가 사회를 본다고?

무엇이라? '오이'가 '엠씨(사회)'를 본다고? 당연히 그런 뜻은 아니다. 그러나 이왕 말이 나온 김에 그렇게 암기한다면, 기억하기도 쉽고 오랫동안 기억할 수 있겠다. 말재주 없는 당신이 긴급상황에서 떠올려야 할 두 번째 스피치 공식은 'O·E·M·C'다. 스피치를 할 기회와 맞닥뜨리면 이 단어를 떠올리며 그에 맞춰 스피치 원고를 준비하거나 말을 하면 간단한 스피치는 거뜬히 대처할 수 있을 것이다.

첫째, Opening이다
스피치를 시작하라는 뜻이다. 무슨 말로 시작할 것인지는 모임이나 행사의 성격에 따라 당연히 달라진다. 인사말과 더불어 그날의 스피치에서 하고자 하는 말의 주제를 선언하는 것도 좋은 방법이다. 예를 들어 "방금 소개받은 ○○○입니다. 저는 ○○○○○에 대하여 간단히 말씀드리고자 합니다" 이런 식으로 말이다. 물론 오프닝에서 더 길게 말할 수도 있을 것이다. 그 행사의 취지나 현장의 분위기에 대하여 말할 수도 있을 것이고……. 어쨌거나 그것은 상황에 맞추면 된다.

둘째, Episode다

말재주 없는 사람이 스피치를 논리적으로 잘 전개하여 시간을 때운다는 것은 매우 어렵다. 더구나 별다른 준비 없이 스피치를 해야하는 상황이라면 더욱 그렇다. 그러기에 말재주 없는 사람에게 가장 유용한 스피치 도구는 뭐니 뭐니 해도 에피소드다. 이 말은 이 책의여러 곳에서 계속 강조하고 있다. 그만큼 중요한 요령이기 때문이다.

에피소드는 남의 이야기도 좋고 당신의 경험담도 좋다. 책에서 읽은 스토리도 괜찮다. 가장 손쉽게 떠올릴 수 있는 것은 스피치 해야할 주제와 관련한 당신의 경험담이다. 자기 자신의 이야기이기에 스토리텔링을 하기가 그만큼 손쉽기 때문이다.

셋째, Message이다

에피소드를 소개하는 이유가 무엇인가? 뜬금없이 재미있는 이야기를 늘어놓고 싶어서인가? 당연히 아니다. 핵심은 에피소드를 그날의 스피치와 어떻게 연결하느냐이다. 스피치를 잘하는 사람들은 에피소드를 스피치의 주제와 연결하는 데 능수능란하다. 잘 찍어다 붙인다. 꿈(말의 재료)보다 해몽(적용)을 잘한다. 그런데 설령 말재주가 없는 사람이라 하더라도 에피소드의 논리를 한 단계 정도만 업그레이드하면 스피치 주제와 쉽게 연결할 수 있다.

TV 방송에서 소위 명강의를 하는 사람들을 보면 책에서 또는 다른 매체를 통하여 이미 알고 있는 평범한 이야기를 색다르게 해석하여 강의의 내용으로 삼는 경우를 자주 볼 것이다. 마찬가지로 당신의 경험담에서 얻을 수 있는 교훈을 찾아내 스피치의 주제, 스피치의 메시지로 삼아야 한다. 그래야 에피소드를 말한 이유와 가치가 있을 것이다. 자, 간단한 사례를 하나 보자.

당신이 KTX를 타고 출장을 가는데 뒷좌석에 앉아 있는 중년 여성들이 시끄럽게 대화를 나누고 있다. 기차의 실내 방송에서는 "대화나 전화통화는 연결 통로에 나가서 하라"고 안내하고 있지만, 그들은 마이동풍이다. 짜증난다. 주위 사람들이 힐끗 쳐다보아도 그 여성들은 줄기차게 웃고 떠든다.

이런 에피소드는 흔하고 흔하다. 평범하다. 그러나 생각해보자. 당신 스스로를 테스트해보자. 이런 에피소드를 스피치와 연결한다면, 어떤 스피치의 사례, 어떤 교훈의 사례로 사용할 수 있을까? 예컨대 공중매너에 대한 이야기로 활용할 수도 있을 것이고, 때로는 대한민국 아줌마들의 '깡다구'에 대하여 스토리 전개를 할 수도 있다. 생각보다 의외로 많은 메시지로 활용할 수 있다. 이렇게 평범한 에피소드라도 적용하기에 따라 얼마든지 스피치의 주제와 메시지로 활용할 수 있다.

이제는 당신의 차례다. 위의 에피소드를 어떤 스피치의 메시지로 활용할 수 있을지 곰곰이 생각해보자. 책읽기를 중단하고 실제로 생각해보라. 그런 훈련을 통하여 조금씩 당신의 스피치 능력이 향상된다.

클로징이 멋져야 좋은 스피치다

넷째, Closing이다

말 그대로 스피치를 마무리하는 것이다. 여기서는 세 번째로 다룬 메시지를 다시 한 번 정리하면서 마무리하는 방법도 있고, 때로는 어떤 결의와 권고를 하는 방법도 있다. 때로는 청중들의 행운과 건강을 빌어주는 요령도 있고.

그러나 스피치의 클로징이 그렇게 간단한 게 아니다. 휴, 이제 스피치가 끝났으니 대충 마무리해야겠다는 생각을 버려라. 끝이 좋아야 좋은 스피치가 된다. 말재주 없는 대부분의 사람들은 "경청해주셔서 감사합니다" "이것으로 저의 말을 끝내겠습니다"라는 식의 인사말로 끝내는데, 연설법의 고수 카네기는 그런 식 클로징은 잘못된 끝내기라고 했다. "절대로 용납할 수 없다"고 할 만큼.

물론 말재주 없는 당신에게 기막힌 끝내기를 요구하지는 않겠다. 다만 즉석 스피치가 아닌 기획된 스피치, 격식을 갖춘 품격 있는 스피치에서는 오히려 이 클로징을 클라이맥스로 삼는 경우가 있다. 링컨의 게티즈버그 연설에서 보듯이 "하느님의 가호 아래 이 나라는 새로운 자유의 탄생을 보게 될 것이며, 국민의, 국민에 의힌, 국민을 위한 정부는 이 지상에서 결코 사라지지 않을 것입니다"라는 구절로 끝내는 식으로 말이다. 마지막 클로징은 메시지를 한마디로 재구성하여 강조하는 식으로 끝내는 것이다.

1967년 1월, 연두교서 발표시에 행했던 박정희 대통령의 연설도 "우리들의 후손들이 오늘에 사는 우리 세대가 그들을 위해서 무엇을 했고, 조국을 위해서 어떠한 일을 했느냐고 물을 때 우리는 서슴지 않고 '조국 근대화의 신앙'을 가지고 일하고 또 일하고 일했다고 떳떳하게 대답할 수 있도록 합시다"라는 마지막 말은 지금까지 회자될 정도로 강렬한 클로징이다.

말재주가 없는 사람이라도 멋진 클로징은 가능하다. 문제는 정말 좋은 스피치를 하고자 하는 의욕과 욕망이 있느냐에 달려 있을 것이다.

"'오·이·엠·씨' 공식은 긴급상황뿐만 아니라 짧은 스피치 원고를 작성할 때도 요긴하게 활용할 수 있는 요령이다."

일·이·삼·사·오

말하는 방식에 관한 공식

　스피치를 하러 단상에 오를 때 떠올릴 공식 중에 또 하나를 소개한다. '일·이·삼·사·오'로 기억하기 쉽게 만든 것이다. 앞에서 소개한 공식들이 스피치의 구성에 대한 공식이라면, 이 공식은 스피치를 하는 '화법' 즉, 말하는 법에 대한 공식이다. 같은 내용을 말하더라도 어떻게 말하느냐에 따라 효과는 천양지차다. 그럼 어떻게 말하지? 그것이 걱정일 때는 아래의 요령으로 스피치를 하면 무난할 것이다.

첫째, 일 : 일화로 시작하라

계속 강조하지만 스피치는 일화, 즉 에피소드, 사연, 사건, 사례로 시작하면 쉽게 풀어갈 수가 있다. 단상에 오르면서부터 일화로 스피치를 시작하면 청중의 관심을 모으기가 쉽다. 그래서 프로 스피커들이 이 방식을 잘 이용한다.

"엊그제 이런 일이 있었습니다" "오늘 신문을 보니 이런 뉴스가 있었습니다" "오늘 이 행사장에 오던 길에……" 이런 식으로 시작하면 스피치가 자연스럽고 청중의 호기심을 자극할 수 있다. '일화'는 곧 에피소드이기에 앞의 공식에서 이미 다루었으니 길게 설명하지 않겠다.

둘째, 이 : 이야기하듯 말하라

강조하지만 절대로 책을 읽듯이, 설교하듯이, 웅변하듯이, 연설하듯이 말하지 마라. 말이란 참 묘한 것이다. 처음에 시작할 때 어떤 말투로 시작했는지에 따라 전혀 다른 분위기를 자아낸다. 뿐만 아니라 말투에 따라 머리 회전이 달라진다. 이야기하듯 대화하듯 스피치를 시작하면, 훨씬 더 자연스럽게 이야기를 풀어갈 수 있다. 내 말을 믿으시라. 꼭 그렇게 하시라. 만약 말재주 없는 사람이 설교하듯이, 웅변하듯이, 연설하듯이 스피치를 시작하면 99% 스피치는 실패한다. 내가 40여 년간 수많은 스피치를 통해 경험적으로 알아낸 스피치의 원리이다. 반드시 청중과 이야기를 하듯, 대화를 하듯 말하라. 그러면 두뇌가 '대화버전'으로 바뀌어 생각지도 않았던

내 방식 스피치

에피소드가 떠오르고 좋은 논리로 자연스럽게 이야기를 풀어갈 수 있다.

셋째, 삼 : 3의 법칙을 활용하라

커뮤니케이션 이론에 '3의 법칙'이란 것이 있다. '3의 법칙'이란 어떤 주제에 대하여 말할 때 적절한 요점을 세 가지로 삼는 것이 가장 좋다는 이론이다. 그러면 청중들이 요점을 명확히 알 수 있을 뿐 아니라, 커뮤니케이션의 효과 또한 높다고 한다. 그래서 스피치를 할 때 3을 마법의 숫자라고도 한다. 스피커들 중에 이 방법을 사용하는 사람들은 많고도 많다. 프레젠테이션의 고수 스티브 잡스도 그랬고, 연설의 귀재 오바마 대통령도 그랬다.

'3의 법칙'이라고 해서 거창한 이론은 아니다. 하나의 주제에 대하여 스피치를 할 때 "저는 이 문제에 대하여 세 가지만 말씀드리려 합니다. 첫째는……, 둘째는……, 셋째는……, 이렇게 말하는 것이다. 그러면 청중은 스피커가 그 문제에 대하여 상당히 오랫동안 관심을 갖고 탐구한 것으로 받아들일 뿐 아니라, 이론적으로 충분히 준비된 사람으로 받아들인다. 일종의 착각이지만 이런 착각은 좋은 것 아닌가. 또한 이렇게 3의 법칙으로 스피치를 하면 청중의 머리에 로드맵을 그려주어 스피치가 끝나고 난 후에도 머릿속에 깊이 남는다.

3의 법칙은 스피치 메시지를 3으로 나누어 설명할 때 많이 활용되지만 스피치의 한 문장에서도 적용하는 수가 많다. 즉, "경기불황으로 폐업이 속출하고, 일자리가 없어지며, 생산이 위축되고 있습니다"와 같이 세 가지를 말하는 식이다.

　여기서 말재주 없는 사람에게 한 가지 귀띔할 팁이 있다. 스피치 원고를 쓸 때라면 시간적 여유도 있고 자료를 찾을 수 있으니까 '3의 법칙'에 따라 이야기를 만들 수 있다. 그리하여 "이 문제에 대하여 세 가지를 말씀드리려 한다"고 세 가지를 예고할 수 있지만, 원고를 준비할 수 없는 즉석 스피치에서 "세 가지"를 예고하면 경우에 따라 세 가지가 떠오르지 않을 수도 있다. 이렇게 되면 난감함을 떠나 낭패다. 따라서 즉석 스피치에서는 "세 가지"라고 예고할 것이 아니라, 그냥 "첫째는……, 둘째는……" 식으로 나열해가는 것도 한 방법이다. 그렇게 스피치를 전개하면서 세 가지가 떠올라 말하게 되면, 나중에 마무리를 하면서 "이상 세 가지를 말씀드렸다"라고 정리하는 것이 재치다. 무슨 말인지 아시겠는가?

넷째, 사 : 사람들을 보라

　스피치할 때 반드시 사람들을 보며 시선을 맞추라는 말이다. 이에 대하여도 앞에서 서너 번 강조한 바가 있어 길게 설명하지 않겠다. 사람들을 보면서 말을 하면 청중들은 그 스피커를 자신만만한 사람으로 인식한다. 또한 청중을 찬찬히 보면서 말하다 보면 종종 청중에게서 스피치의 '거리'를 발견하는 수도 있다.

다섯째, 오 : 오래 끌지 마라

　시간이 주어진 강의 같은 경우는 어쩔 수 없지만 즉석 스피치의 경우는 '3분 스피치'면 된다. 짧다고? 사람들은 2분 30초가 지나면 지루함을 느낀다는 통계도 있다. 사회자가 당신에게 즉석 스피치를 하라는 것은 짧게 하라는 것과 같은 요구이다. 물론 앞의 공식들을 떠올리며 스피치를 하는데 마침 좋은 에피소드가 생각났다면 조금 길어질 수는 있겠으나, 그럼에도 불구하고 스피치란 설세된 단탄한 구성일 때 좋은 스피치가 된다. 이야기를 길게 끌며 중언부언하거나 별로 가치가 없는 스토리를 괜히 길게 늘어뜨리면 청중은 금방 지루함을 느낀다. 좋은 즉석 스피치는 짧은 시간에 두 번째 공식인 '오·이·엠·씨'를 실천하는 것이다.

> "위의 공식의 항목 중에는 서로 중복되는 것도 있다.
> 취사선택하여 융통성 있게 활용하면 된다.
> 스피치의 상황에 직면했을 때 이 공식들을 떠올려보고
> 즉석에서 잘 '융합'하여 위기를 모면하고 나아가
> 청중의 호감을 살 수 있기를 기대한다."

●필수적인 스피치 공식들●

갑자기 스피치 요청을
받았을 때 떠올려야 할 공식들

즉석스피치는 5사 :

인사, 감사, 찬사, 헌사, 결사(끝맺음)

스피치 원고 준비는 오이엠씨 :

오프닝, 에피소드,
메시지, 클로징

말하는 방식은 일(일화로 시작),
이(이야기 하듯),
삼(세가지로 나누어),
사(사람들을 보라),
오(오래 끌지 마라)

스피치 실전

말재주 없는 사람이 꼭 지켜야 할 열 가지

좋은 스피치를 하기 위해 해야 할 것, 지켜야 할 것이 어디 한두 가지이겠는가. 네거티브Negative 방식도 있을 것이고, 포지디브 Positive 방식도 있을 것이다. 즉 스피치를 할 때 해서는 안 될 것(네거티브)과 해야 할 것(포지티브)으로 나누어 다룰 수가 있다는 말이다.

그러나 말재주 없는 사람에게 너무 많은 것을 요구하는 것은 무리다. 아니, 말재주가 있고 없고를 떠나서 멋진 스피치, 좋은 스피치를 하는데 사실상 그렇게 수많은 요령이 필요한 것이 아니다. 그 수많은 요령들 중에 거의 대부분은 누구나 이미 실행하고 있는 것이다. 그것을 책에서 중언부언하고 있는 것이다. 책을 만들려고 하니 세세한 것까지 다룰 수밖에 없다.

그래서 여기서는 실제로 스피치를 할 때 꼭 실천해야 할 열 가지만 다루려고 한다. 물론 앞에서 다른 항목을 설명하다가 이미 언급한 것도 있지만, 그만큼 중요한 것으로 이해하면 될 것이다. 하여튼 이 정도만 꼭 실천한다면 말재주 없는 당신이라도 충분히 좋은 스피치를 할 수 있다.

당신의 방식으로 말하라

말하는 스타일에 스피치를 맞춰라

- -

　이 글을 쓰는 지금은 제19대 대통령 선거전이 막바지를 향하고 있을 때다. TV로 후보들의 연설이 나오고, 토론회가 중계되고 있다. 당신도 그것을 봤을 것이다. 스피치에 대한 책을 쓰던 중이니 특별히 관심이 갔다. 그런데 그들이 말하는 것을 보면서 느낀 것 딱 하나를 꼽으라면 '말하는 스타일은 사람마다 다르다'는 것이다. 비교적 호감 가는 스타일도 있고, 반대로 안타까운 스타일도 있다. 그러나 그것을 어찌하랴. 어떤 이는 말끝을 좀 올렸으면 좋겠고, 어떤 이는 좀 더 힘있게 했으면 좋겠는데 그게 안 되는 것이다. 즉, 사람마다 말하는 스타일이 다르며, 그것은 보통의 노력으로 고칠 수 없다는 결론에 이른다. 결국 타고난 것이요, 스피치의 주어진 조건이다.

이 책의 주제가 '내 방식 스피치'인 것을 다시 한 번 상기하자. 스피치를 함에 있어서 당신의 말투나 억양, 말버릇은 고치기 힘들다. 앞에서도 설명했듯이 약간의 화장은 할 수 있지만, 그것을 벗어나 다른 이를 흉내 내는 순간 이미 당신이 아니다. 어울리지도 않는다. 그것은 곧 스피치의 실패를 의미한다.

그러기에 그냥 평소의 당신 스타일로 말하기를 권한다. 사투리를 쓰면 쓰는 대로, 당신의 말투 그대로 자연스럽게 말하라. '에' '저' '에, 또' 따위의 군더더기 말을 상습적으로 되풀이하는 것은 교정해야 하지만, 가끔 그런 말을 한다고 해서 크게 잘못된 것은 아니다. 사실 그것 때문에 스피치의 질이 좌우되지는 않는다. 약간의 흠집이 될 뿐이다. 스피치가 잘 풀리지 않거나 또는 좀더 여유를 보이고 싶을 때, 프로들은 오히려 '에' 따위를 활용하여 잠시의 시간을 벌기도 한다.

그냥 당신의 스타일로 말하라. 어차피 '내 방식 스피치'다. 당신의 방식으로 말할 수밖에 없다. 그렇게 주어진 조건하에 어떻게 청중의 호감을 살 수 있는 좋은 스피치를 할 것인지 궁리하는 게 더 효율적이다.

말을 더듬거리거나 말의 스텝이 꼬일 때는 "떨려죽겠다"거나 "오늘은 말이 잘 안 풀린다"고 고백하는 것도 괜찮다. 당신의 있는 그대로를 드러낼 수밖에 없다. 스피치는 결코 좋은 말투나 달변을 내세우는 게 아니다. 아나운서 같은 매끄러움을 뽐내려는 것도 아니다.

그러니 그냥 당신의 스타일, 당신의 방식으로 말하는 게 좋다.

"당신의 말하는 스타일에 문제가 있어
고칠 수만 있다면 고치는 게 좋다.
그러나 그게 안 된다면 스트레스를 받거나 움츠러들 것이 아니라
그 스타일로 당신만의 화법을 구사하는 게 좋다."

센스, 센스, 센스가 중요하다

좋은 스피커가 되려면 눈치와 재치가 필수다

나는 말이든 사회생활이든 '센스'를 무척 강조한다. 센스란 어떤 사물이나 현상에 대한 감각이나 판단력, 눈치, 분별력이다. 센스 없는 사람이야말로 답답함 그 자체다. 미련곰탱이다. 센스는 일상의 여러 장면에서 발견할 수 있다.

어떤 행사에 참석한 적이 있었다. 행사시간이 비교적 길어서 2시간 가까이 됐다. 오프닝 세리머니가 끝나고 이어서 흥겨운 연주가 이어졌다. 문제는 거기서부터다. 행사에 참석한 사람들이 오프닝 세리머니가 끝나자 슬슬 자리에서 일어나 밖으로 나가기 시작했다. 유흥을 즐기기에는 바쁜 일들이 많았던 것이다. 이쯤 되면 사회자의 재치, 즉 센스가 있어야 한다. 적절한 시점에서 행사를 마무리해야 하는 것이다. 그럼에도 연주는 계속되었고, 나중에는 참석자의 절반 정도가 자리를 뜨는 이수신한 상황이 되었는데도 '풍악'은 계속 울리고 있었다. 당초에 계획됐던 것을 모두 해치워야 한다는 고정관념이 그저 답답할 뿐이었다.

결혼식에 참석한 적이 있다. 주례가 이름난 아나운서 출신으로 이제는 방송계를 떠나 다른 분야에서도 이름을 날리고 있는 사람이었다. 아나운서 출신답게 여전히 목소리는 매끄럽고 부드럽고 낭랑했다. 그런데 주례사를 30분 이상을 하다니……. 어이가 없었다. 중간중간 하객들의 볼멘소리가 들렸고 자리를 뜨는 사람이 있음에도 그는 소신껏(?) 횡설수설 할 말을 다 하고 있었다.

스피치에서의 센스란 분위기 파악을 하라는 것이다. 청중을 알아야 하고, 상황을 알아야 한다. 그러려면 예민한 관찰력과 분별력은 필수다. 눈치가 있어야 한다는 말이다. '내 방식 스피치'라고 해서 당신 마음대로 하라는 것이 아니다. 청중이 듣거나 말거나, 분위기가 좋거나 말거나, 마이크가 꺼졌거나 말거나 아랑곳없이 당신의 소신(?)대로 말하는 것이 '내 방식 스피치'는 아니다. 상황을 잘 활용하고 분위기에 따라 적절한 대처를 할 수 있는 재치와 감각이 있어야 한다.

말을 잘한다는 사람들을 보면 이 점에서 탁월하다. 분위기에 맞는 말을 하며, 청중에게 맞는 말을 한다. 상황을 고려하며, 듣는 이를 고려한다. 재치 있게 말이다. 당신이 정말 좋은 스피커가 되고 싶다면 잊지 말자, '센스'.

> "말재주는 없더라도 센스는 반드시 있어야 한다.
> 센스야말로 부족한 말재주를 보충하는 좋은 수단이 된다."

● 이런 센스? ●

2014년 6월 19일 방송된 KBS 2TV 『밥상의 신』에서 개그맨 김현철 씨는 자신의 결혼식에서 행한 조영남 씨의 주례사를 소개했다. 주례석에 자리 잡은 조영남 씨는 앞에 서 있는 신랑과 신부를 향해 이렇게 말했단다.

"나처럼 결혼생활하지 않으셨으면 합니다."

이심전심, 신랑과 신부는 물론이요, 하객들도 무슨 말인지 다 알기에 뜻은 충분히 전달됐을 것이다.

이것이 바로 그 유명한 10초 주례사란다. 그런데 여기까지라면 센스라고 할 수가 없다. 무성의에 가깝다. 그렇게 한마디 말을 건넨 조영남 씨는 곧이어 축가를 불러줬다. 「You raise me up」을. 이쯤 되면 가수다운 센스 있는 주례사라 할 수 있다. 만약 조영남 씨가 구구절절 옳은 말들을 모아 장황한 스피치를 했다고 상상해보라. 결코 이보다 더 나은 주례사를 하기 힘들다고 본다. 조영남 씨는 그야말로 센스 있는 내 방식 주례 스피치를 한 것이다.

http://www.newsen.com/news_view.php?uid=20140619215053741o.

힘 있게 말하라

열정이 드러나게 말하라

말재주 없는 사람들의 스피치에 나타나는 공통점이 하나 있다. 힘이 없다는 것이다. 아마도 자신감이 없기에 그럴지 모른다. 당신의 말투와 스타일로 자연스럽게 말하되 활기차야 한다. 힘이 있어야 한다. 쫄지 말고 당당하게 말해야 한다.

그리고 힘에 열정이 실려야 한다. 괜히 악만 쓰는 게 힘이 있는 게 아니다. 당신의 이야기를 청중에게 꼭 들려주고 싶어하는 성의가 드러나야 한다. 애절한 심사가 전달되게 말해야 한다. 그래야 청중이 당신에게 끌려온다. 마음의 문을 연다.

당신이 힘 있게 열정이 드러나게 말하면 그것이 청중에게 전달되어 화학작용을 일으킨다. 이심전심이 되어, 스피치의 내용이 어떻든 간에 좋은 스피커라는 인상을 심어준다. 그러면 설령 청중을 웃기거나 재주를 부리지 않더라도 호감을 살 수 있다.

똑같은 내용의 스피치라도 힘 없이 말하면 성의가 없어 보이고 자신감이 결여되어 청중을 움직일 수 없다.

"당신이 힘 있게 말하면
그 힘이 청중에게 전달되어 청중을 끌어당긴다.
똑같은 말이라도 열정적으로 말하면
전달효과가 높다."

읽지 말고
말을 하라

낭독하지 말고 말하듯이 읽어라

이 이야기는 여러 번 강조했다. 그럼에도 '말재주 없는 사람이 꼭 지켜야 할 열 가지' 중의 하나로 또 강조할 수밖에 없다.

이화여대 박성희 교수가 칼럼을 통해 우리나라 정치 지도자들에 대하여 흥미로운 지적을 한 적이 있다. "읽지 말고 말하라"고. 무슨 말인지 모르겠거든 박근혜 전 대통령이 청와대 참모회의에서 말하는 장면을 떠올리면 된다. 지시사항을 스피치로 하는 것이 아니라 원고를 읽듯이 하지 않던가. 그이 특유의 스타일인데, 그런 스피치로 청중의 마음을 사기는 힘들다. 더구나 대통령이 아닌 사람이라면.

이 말이 특히 적용되는 상황은 원고를 보면서 스피치하는 경우다.

내 방식 스피치

대통령뿐만 아니라 일반적으로 고위 관료들과 정치 지도자들, 기업의 총수나 간부들이 원고를 갖고 스피치하는 경우를 보면, 연설문을 그대로 읽고 있는 장면을 종종 목격한다. 물론 말실수 하나로 치명상을 입을 수 있는 세상이라 실수를 하지 않기 위해 그렇게 하는 것을 모르는 바 아니다. 그럼에도 불구하고 성명서를 낭독하는 경우가 아니라면 절대로 원고를 읽는 식으로 말해서는 안 된다. 그것은 스피치 중의 최고 하수다.

설령 원고를 작성하여 스피치를 하더라도 그 원고를 그대로 읽어야 할 엄격한 상황이 아니라면, 원고를 바탕으로 이야기하듯이 스피치하여야 한다.

스피치 원고를 작성한 후 실제로 스피치를 할 때, 가장 바람직한 것은 원고를 완전히 소화해서 즉석연설처럼 말하는 것이다. 그것이 힘들다면 키워드만으로 작성된 메모지를 가끔씩 보면서 스피치하는 것이다.

설령 스피치 원고를 그대로 읽어야 할 경우라도 낭독의 요령을 잘 활용하면 스피치의 효과를 높일 수 있다. 어떤 사람은 처음부터 끝까지 스피치 원고(연설문)에서 눈을 떼지 못하고 글자를 따라 읽는데, 이 정도 되면 정말이지 센스 없는 스피커다.

스피치 원고를 작성했을 때는 그것을 여러 번 읽어서 문장의 흐름을 완전히 파악한 후 연설문에 떼어 말할 곳, 강조할 곳, 청중에게 시선을 줄 곳을 표시하여 활용한다. 그러고는 실제로 스피치를 할 때는 시선을 연설문과 청중에 적절히 배분하면서 자연스럽게 '말하듯이 읽는' 것이 요령이다.

"'말하듯이 읽는다'는 것은 목소리에 감정을 담고
고저 강약 장단의 조화가 이뤄지게 읽는 것이다.
단순히 목소리를 내는 것이 아니라
말하려는 내용을 머릿속에 그려보며
희로애락의 감정과 열정이 깃든 목소리로 읽는 것이다."

귀에 쏙
들어가게 말하라

청중에게 먹히는 용어를 선택하라

미국의 언어 코치인 프랭크 런츠Frank I. Luntz 박사는 『먹히는 말 Words that Work: It's Not What You Say, It's What People Hear』에서 "당신이 무엇을 말하느냐?"보다 "사람들이 무엇을 듣느냐?"가 더 중요하다고 강조했다. 먹히는 말이란 다름 아니라 쉬운 말, 생생한 말, 흔히 사용하는 말, 쉽게 이해되는 말이다.

그 대표적인 사람으로 세계적 명연설가 미국의 마틴 루터 킹Martin Luther King목사를 꼽는다. 당신도 귀에 익은 말이 있을 것이다. 1963년 8월 28일, 링컨기념관 연설에서 킹 목사가 말한 "I have a dream"이 그것이다. 미국인이라면 세 살짜리 꼬마도 알아들을 간결하고 쉬운 문장이다. 그러기에 사람들의 귀에 쏙 들어가 마음을 사로잡았다. 그와 비슷한 사례가 오바마의 "Yes, We can"이다. 그는 이 쉬운 문장을 반복하여 미국인들의 자존심과 자신감을 자극하였다.

이건 말재주와 관계없이 누구나 할 수 있다. 그런데 우리는 대부분 단상에 오르면, 갑자기 표현이 달라진다. 평소에 사용하지 않던 용어를 끄집어낸다. 마이크를 잡으면, 일상의 용어가 아니라 문장의 표현을 사용한다. 어려운 용어를 동원한다.

언젠가 강원도의 어느 시장터에서 정치연설을 하는 사람을 본 적이 있다. 그 장터에 모인 사람들은 소위 시골 사람들이었고, 연로한 사람이 대부분이었다. 그런데 단상에 오른 사람이 "톰 피터스Tom Peters가 말하기를" 하면서 스피치를 풀어가는데, 나는 아연실색했다. 그야말로 센스 없는 짓이요, 청중이 무슨 말을 하는지 모를 자기만의 용어를 선택한 것이다. 그러니 감흥이 있을 턱이 없다. 혼자 떠드는 것이다.

물론, 자리와 지위에 따라 고상한 용어를 쓸 수도 있다. 공자 앞에서는 문자를 써야 할 것이다. 그러나 일반적인 대중 스피치에 있어서는 쉬운 말, 늘 사용하는 말, 대중의 용어, 현장의 용어, 쌈박하고 섹시한 용어를 써야 한다.

우리나라 사람 중에 그런 스피치에 능한 사람은 말 잘하기로 소문났던 노무현 전 대통령이 있다. 그는 '깽판' '양아치' '조진다' 등 거칠고 투박한 말 때문에 많은 비판을 받았지만, 또한 그 때문에

'노빠'를 탄생시켰고 사람들을 열광하게 했다. "대통령 못해먹겠다"고 해서 보수언론으로부터 비판을 받기도 했지만, 나는 솔직히 그런 표현이 좋았다. 우리나라에서 가장 힘든 직업이 대통령일 것이요, 그러니 못해먹겠다고 말할 수 있다. 그것을 점잖게 "대통령직을 수행하기가 어렵다"고 말해보라. 재미가 없다.

2003년 3월 민주당은 제16대 대통령선거 어록집 『노무현은 이렇게 말했다』를 펴냈는데, 그것을 봐도 노무현식 스피치의 특징을 발견할 수 있다.

"내 아들은 훈련이 고되다는 27사단에서 박격포 메고 박박 기다 돌아왔습니다." (인천경선.)

"제가 2000년 4월(국회의원 선거에서) 이곳에서 출마했습니다. 까딱하면 될 뻔했는데, 톡 떨어졌습니다. 그땐 되는 줄 알고 여러분에게 '감사합니다' 하면서 이 노래를 불러드렸습니다(12월 5일, 부산 북구 덕천로터리 앞 거리유세에서)." 그러고는 「부산 갈매기」를 불러댔다. 이거 압권이다. (국민일보, 2003. 4. 3, 무현의 말말말, 조수진 기자.)

결론적으로 스피치는 자기의 용어를 청중에게 강요하는 게 아니다. 듣는 이들의 귀에 쏙 들어가는 용어와 표현을 하는 게 고수의 전략이다.

> "스피치는 청중에게 먹혀드는 말을 해야 한다.
> 상대가 과연 내 말을 어떻게 듣고 있을지를 생각하면서
> 말하면 된다."

변화 있게
말하라

음악처럼 리듬을 타라

방송의 아나운서가 뉴스를 방송할 때 보통 (기사를) '읽는다'라
고 하는데, 미국의 발성학자 헨너케는 '연주한다'는 표현을 썼다. 음
악 연주자가 악보를 보고 연주하듯이 고저, 강약, 장단, 속도, 포즈
pause 등의 기교를 통하여 뉴스 기사를 연주한다는 뜻이다.

여기서 포즈란 가끔씩 말을 멈추고 쉬는 것을 말한다. 포즈는 '문
법적 의미의 포즈'와 '심리적 의미의 포즈'로 나누는데, 스피커는 특
히 심리적 포즈를 잘 활용해야 한다. 즉, 잠시 말을 멈춤으로써 청
중의 주의를 끌 수 있고, 강조하고 싶은 내용 앞에서 잠깐 쉼으로써
그 부분을 강조하는 효과를 낼 수 있다.

물론 미국의 뉴스 아나운서와 우리들의 아나운서는 말하는 품새가 다르다. 그들의 뉴스진행을 유심히 들어보면 확실히 연주한다는 표현이 맞음을 알 수 있다. 원래 영어라는 언어 자체가 그런 면이 있다. 그에 비하면 우리네 아나운서들은 사실 매우 단조롭다.

만약 스피치를 하는 사람이 우리네 아나운서처럼 말한다면 바람직할까? 나의 의견은 매우 부정적이다. 낭랑한 목소리가 꼭 좋은 것도 아니며 매끄러운 발성이 꼭 바람직한 것도 아니다. 스피치란 마음이 담겨야 하는데, 아나운서의 뉴스 방송에는 마음이 전혀 담겨 있지 않기 때문에 그렇다.

목소리는 낭랑하지 않고 탁성이어도 괜찮다. 발음은 표준어가 아니라 사투리여도 좋다. 문제는 고저, 강약, 장단, 속도, 포즈 등의 변화가 있냐는 것이다. 그리고 그에 덧붙여 자신의 말을 청중에게 전달하고자 하는 간절하고 진솔한 마음이 있냐는 것이다. 스피치에서는 그것이 매우 중요하다.

아무쪼록 단조롭게 말하지 말라. 그러면 책을 읽는 것 같아진다. 음악처럼 변화를 주며 말해야 한다. 노래를 부르듯 멜로디 있게 말해야 한다. 가장 나쁜 것이 단조로움이다. 그건 수면제요 자장가다.

"제발이지, 변화있게 말하라.
내용에 따라 강하게 약하게 또는 높게 낮게,
때로는 빠르게, 때로는 약간의 멈춤도 필요하다.
이것만 잘해도 스피치 화술은 합격점이다."

영상적인 화술을 구사하라

청중의 머릿속에 상황이 상상되도록

말재주가 없는 사람일수록 스피치에 사례·예화를 담으라고 했다. 이론을 동원하는 것도 중요하지만 그 이론조차도 경험담이나 예화 등으로 뒷받침되어야 청중의 흥미를 끌 수가 있다. 그래야 재미있다. 그런데 말재주 없는 사람들은 똑같은 예화·사례·경험담을 갖고도 재미없게 말한다. 밋밋하게 표현하기 때문이다. 예화·사례·경험담 을 말할 때는 그림을 그리듯이 말하는 게 요령이다. 마치 청중이 예 화·사례·경험의 현장에 있는 것 같은 착각을 일으키게 상황묘사를 잘해야 한다. 당신이 말하는 내용에 따라 생생한 상상을 할 수 있게 해야 한다. 그게 쉽냐고? 당연히 어렵다. 말재간이 있는 사람들은 그런 화법에 능수능란하지만 말재주 없는 사람은 대충대충 말하기에 무슨 말을 하는 것인지조차 모르게 될 경우도 있다.

그 요령은 마치 당신이 어렸을 때 어머니가 옛날이야기를 들려주던 그 화법, 그 요령으로 하면 된다. 영화를 보듯이 세부적인 묘사를 하란 말이다.

그런데 이 세부적인 묘사에 함정이 있다. 말재주가 없는 사람은 세부묘사를 함에 있어서 쓸데없는 부분에서도 세부묘사가 지나쳐 결국 청중을 지루하게 만든다. 따라서 그림을 그리듯 말하고자 할 때는 어느 부분에서 세밀하게 말하고 어느 부분에서는 건너뛸 것인지 나름의 계획이 필요하다. 가장 나쁜 것이 단조로움이다. 그건 수면제요 자장가다.

"예화·사례·경험담을 스토리텔링하는 요령은
신문기사처럼 말하지 말고 소설처럼 말하는 것이다.
드라마틱하며 세부적으로 그림을 그리듯 표현하는
'영상적인 화술'을 구사해야 한다.
때로는 표정과 몸짓, 말과 행동의 '흉내내기'를 통해
그대로 재현해주어야 한다."

쇼맨십이 필요하다

때로는 단상의 배우가 되라

말을 잘한다는 것은 어떤 면에서 연기력 – 쇼맨십이 핵심이라 할 수 있다. 말을 할 때 음악을 연주하듯이 고저, 강약, 장단, 속도, 포즈 등의 기교를 부린다거나 말하듯이 읽는 것 자체가 바로 연기력이요 쇼맨십이다. 만약 스피커가 연기력이 없다면? 아무리 훌륭한 연설문으로 스피치를 한다고 해도 청중의 흥미를 돋워 감동시키기는 어렵다.

실제로 좋은 스피치를 하는 사람을 유심히 관찰하면, 무대 위의 배우와 같이 연기에 능함을 발견할 수 있다. 표정연출에서부터 제스처에 이르기까지 말이다.

사실 부드러운 미소를 지으면서 스피치를 하는 것부터가 연기요 쇼맨십이다. 아마추어는 그런 표정연기가 잘 안 된다. 그러나 당신이 좋은 스피커가 되려면, 연기력을 포기할 수 없다. 처음에는 어설프겠지만 노력 여하에 따라 슬슬 내공이 쌓일 것이다. 하면 할 수 있다. 꼭 그렇게 하라.

- 스피치를 하면서 고저, 강약, 장단, 속도, 포즈 등의 변화를 주어 말하는 것 자체가 연기력이요 쇼맨십이다.
- 속으로는 떨리더라도 여유 있는 척 미소 띤 얼굴로 말하는 것도 연기력이다.
- 청중을 둘러보며 때로는 특정인과 눈을 마주치고 그와 대화하듯 말하는 것도 연기력이다.
- 때로는 감동적인 어조로, 때로는 속삭이듯, 때로는 격정적으로 웅변하듯 말하는 것도 연기력이다.
- 스피치의 내용에 맞춰 멋진 제스처를 사용하는 것도 연기력이다.
- 때로는 너스레를 떨고 때로는 엄숙한 표정으로 말할 수 있는 것도 연기력이다.
- 스피치 원고를 읽으면서도 마치 익숙한 스토리텔링을 하듯이 자연스럽게 스피치하는 것도 연기력이다.
- 에피소드를 이야기할 때 당시의 상황을 생생하게 표현하기 위해 마치 상황극을 연출하듯 흉내기법을 동원하는 것도 연기력이다.
- 우스운 이야기를 하면서도 시침 뚝 떼고 능청을 부리는 것도 연

기력이다.

• 연기를 하면서도 마치 자연스럽게 그런 말투와 표정과 행동이 나
오는 듯이 하는 것이야말로 제대로 된 언기력이다.

> "스피치하는 순간은 단상 위의 배우가 되어야 한다.
> 스피치란 종합예술이다.
> 그리고 스피커의 수준은 그 예술을 돋보이게 하는
> 연기력 여하에 좌우된다."

보조수단을 활용하라

말재주를 보완하는 다른 재주들

　스피치는 말이다. 그러나 단순히 말로써만 청중에게 다가가지 않는 사람도 있다. 다른 도구를 사용하여 자신의 말을 보완하고 이미지를 돋보이게 하는 사람도 있다. 내가 잘 아는 후배는 스피치를 하러 단상에 오르면 간단한 마술을 하여 청중의 이목을 단숨에 사로잡는다. 그는 원래 말재주가 있는데도 그렇게 노력한다. 말이 쉽지 마술을 배운다는 것 자체가 얼마나 부지런한 일인가. 나도 한때 마술을 배우고 싶었지만 포기하고 말았다. 귀찮아서.

　어떤 스피커는 휴대폰을 이용하기도 한다. 어느 행사장에서의 일이다. 갑자기 지명되어 단상에 오른 스피커가 인사말을 한 후 이렇게 말했다.

"갑자기 불려나와 어리벙벙합니다. 제가 최근에 누구에게 들은 이야기가 하나 있는데, 그것을 들려드리는 것으로 말씀에 갈음하겠습니다."

그러더니 휴대폰을 꺼내 무엇인가 검색하면서 말을 이었다.

"제가 기억력이 좋지 않아 그 이야기를 이 전화기에 메모해 갖고 다닙니다. 그걸 보면서 말씀해드릴게요."

그 모습을 보고 청중들은 웃었다. 그가 휴대폰의 메모장을 들여다보며 이야기해준 것은 노후의 부부관계에 대한 재미있는 통계였다. 남편이 살아 있는 아내의 수명이 남편이 없는 아내의 수명보다 더 짧다는 통계에 이르러서는 사람들의 폭소가 터졌다. 그러고는 노후를 잘 사는 제일의 조건은 뭐니 뭐니 해도 부부간에 알콩달콩 사이좋게 사는 일이라고 말을 맺었다. 투박하고 어설픈 면이 있었지만, 좋은 스피치였다. 그는 말을 잘하는 사람이 전혀 아니었다. 그럼에도 불구하고 그런 통계를 관리하고 있다는 것 자체가 사람들에게 상당한 호감을 주는 것이었다. 그리고 그 통계 때문에 스피치의 내용이 매우 좋았다. 말재주는 전혀 없었지만, 그는 자기 스타일의 스피치를 한 셈이다. 말재주가 없는 사람이라면(설령 말재주가 있다 하더라도) 이처럼 스피치를 도울 보조수단을 활용하는 방법도 있다.

나 역시 휴대전화의 메모장을 잘 활용한다. 여러 종류의 메모장 중에 '스피치'라는 제목의 메모장을 만들어놓고는 신문이나 책을 읽거나 사람들과의 대화 또는 어떤 행사장에서 누군가의 스피치를 들으면서 좋은 '거리'를 발견하면, 즉각 메모하여 관리한다. 거기에는 별별 것이 다 있다. 예를 들면,

독서나 인터넷 검색 등을 하다가 '이거 좋은 이야깃거리인데' 싶은 것,

인용하면 좋을 유명인의 어록,

마음에 와 닿는 좋은 글귀나 시,

건배할 때 활용가치가 있는 좋은 건배구호,

재미있는 속담

기막힌 유머,

실패담이나 황당한 경험,

흥미로운 통계수치 등을 수시로 기록해 관리한다. 심지어 내가 잘 부를 수 있는 노래의 제목도 5개가 저장되어 있다(이것은 꼭 스피치 때문이 아니라, 오랜만에 노래방에서 노래를 할 때 뭘 불러야 할지 얼른 생각이 나지 않기에 적어둔 것이다. 나이 탓이다).

그러고는 행사에서 스피치를 의뢰 받아 원고를 작성하거나 또는 스피치할 것이 예상될 때 미리 메모장을 열어 훑어보면 스피치의 아이디어가 떠올라 큰 도움이 된다.

이런 것들을 메모할 때 유의할 것이 있다. 키워드만 간단히 적어 둬서는 안 된다는 점이다. 육하원칙에 의거 상세히 기록해야 한다. 메모를 할 때는 무슨 이야기인지 알 수 있지만 세월이 지나면 어떤 스토리였는지 기억이 가물거려 무용지물이 되는 수가 많기 때문이

다. 또한 이렇게 메모해둔 것은 가끔씩 정리를 해야 한다. 시간이 지나고 나면, 쓸모없는 메모도 발생하기 때문이다. 뿐만 아니라 가끔 메모를 읽어봄으로써 메모의 내용이 휴대폰에만 저장되어 있는 것이 아니라, 당신의 뇌에 기억으로 저장되도록 해야 한다. 그것이 곧 내공이 되고 능력이 될 수 있게 말이다.

"'꿩 잡는 게 매'라는 말도 있듯이 어떤 방법을 동원하든 간에
자신이 하고자 하는 말의 의미가 잘 전달되고
스피커의 이미지가 좋게 인식되면 성공이니까 말이다."

유머, 스트레스 받지 마라

못하겠거든 하지 마라

스피치를 다루면 거의 대부분의 사람들이 유머를 떠올린다. "난 재미있게 말을 못해요"라고 하소연하는 사람들 대부분이 바로 유머 때문에 그렇게 손사래를 친다. 거꾸로 "말을 잘한다"면 으레 떠오르는 단어도 유머다. 어떤 상황에서 스피치를 하게 될 경우, 거의 모두가 '어떻게 웃기지?'라고 스트레스를 받는다. 나는 직장생활에서 7~8년 정도를 최고 경영자의 스피치 라이터를 한 경험이 있는데, 그 기간 동안에 모셨던 나의 상사들 역시 항상 요구하는 것이 "뭐 좀 웃기는 이야기 없냐?"였다.

물론 스피치를 하면서 사람들의 웃음을 이끌어낼 수만 있다면 금상첨화다. 그만큼 유머는 스피치의 질과 수준을 좌우하기도 한다. 그러나 결론적으로 말해서 말재주 없는 당신이 유머를 잘할 가능성은 그리 높아 보이지 않는다.

그러나 통 크게 생각하자. 스트레스 받지 마라. 유머에 자신이 없다면 안 하면 된다. 사람들 중에는 유머구사가 거의 불가능한 사람도 있다. 그런 사람이 억지로 유머를 구사하려다 보면, 오히려 썰렁해지고 말재주 없음이 더욱 드러날 뿐이다.

스피치에 있어서 유머는 좋은 양념이다. 그러기에 조금만 노력하면 자기 나름의 유머를 구사할 수 있는 사람은 당연히 유머구사법을 익혀야 한다(다음 장에서 상세히 다룬다). 그럼에도 불구하고 유머가 마치 스피치의 성패를 좌우하는 모든 것인 양 생각할 필요는 전혀 없다.

"죽었다 깨도 유머는 못하겠다"는 사람이 있다. 그런 사람은 어떻게 할 것인가? 답은 간단하다. 죽어도 유머를 못하겠다면 죽을 것이 아니라 유머를 안 하면 된다. 유머를 포기하라는 말이다. 그러면 마음도 편하고, 스트레스도 안 받을 것이다.

유머를 포기하라고? 그게 해결책이냐고 항의하는 사람도 있을 것이다. 그렇다. 해결책이다. 말재간도 없는 사람이 청중이 포복절도할 유머를 구사하려니 그게 될 턱이 없다. 괜한 스트레스로 스피치 공포를 가중시킬 뿐이다. 죽었다 깨도 못할 유머를 하기 위해 쏟아야 할 노력을 차라리 다른 콘텐츠를 보강하는 데 사용하면, 훨씬 경제적(?)이다. 당신은 당신의 방법을 찾아 당신의 길을 가면 된다.

"유머가 스피치의 모든 것은 아니다.

좋은 스피치를 위한 방법과 요령은 많고도 많다.

유머가 안 된다면 때로는 포기하는 것도 좋다.

괜한 유머 스트레스, 유머 열등감에 시달리지 마라.

유머가 뭐 대순가?"

• 말재주 없는 사람이 꼭 지켜야 할 것 •

첫째, 말은 힘 있게,
감정을 담아서,
음악처럼 리듬을 타라

둘째, 청중의 머릿속에 상황이
상상되도록 묘사하라

셋째, 때로는
배우처럼 연기하라

넷째, 보조도구를
활용하라

다섯째, 유머가 자신
없다면 하지 마라

8

말재주 없는 사람의 유머구사법

내 방식으로 웃기자

앞에서 유머에 자신이 없으면 하지 말라고 했다. 스트레스 받지 말라고 했다. "죽었다 깨도 유머를 못하겠다"는 사람은 죽지 말고 유머를 포기하라고 했다. 그러나 조금만 노력하면 말재주 없는 사람도 그 나름의 유머를 구사할 수 있는데, 그 길마저 포기할 필요는 없을 것이다. 그래서 '내 방식 스피치'의 마지막 단계는 '내 방식 유머법'을 다루기로 한다.

말재주 없는 사람은 '유머' 이야기가 나오면 움찔할 것이다. 많은 경우 '말재주 = 유머재주'로 받아들이기 때문이다. 실제로 말재주가 좋다는 사람들을 보면 거의 대부분 잘 웃긴다. 우습게 잘 이야기 한다. 그런데 말재주 없는 사람은, 좋은 유머거리를 손에 쥐어주어도 썰렁하게 말한다.

어쨌거나 당신이 스피치를 좀 잘해보고 싶다면, 유머구사법에 대하여 확실한 방침을 갖고 있어야 한다. '방침'이라고 표현하는 데는 그만한 이유가 있다. 말재주 없는 사람에게 일반적인 유머구사법을 가르친다고 해서 될 턱이 없기 때문이다. 우리가 지금까지 접해온 수많은 유머 관련 책은 한마디로 말재주 있는 사람의 유머구사법이라 해도 과언이 아니다. 그렇기에 말재주 없는 사람은 유머구사법 역시 그에 걸맞게 달라야 한다는 것이 나의 주장이다. 이는 화법을 사람들에게 가르쳐보면서 절감한 결론이다. 자, 그럼 말재주 없는 사람의 유머구사법에 대하여 이야기를 전개해보자.

유머를
못하겠다고?

그럼 다른 방식을 찾아라

보통 유머라 하면 청중이 포복절도하는 우스갯소리를 떠올린다. 그러니 가능성이 희박해진다. 솔직히 스피치를 통하여 청중을 포복절도하게 하는 것은 대단한 내공이 있어야 한다. 웃기는 재주가 있어야 한다. 쇼맨십도 탁월해야 한다.

그러나 유머란 꼭 그런 것이 아니다. 스피치를 통하여 청중들로 하여금 조용히 미소 짓게 하는 정도면 된다. 그것도 훌륭한 유머다. 그렇게 기준을 낮춰보라. 그러면 희망이 보인다. 그렇잖아도 우리나라 사람들은 잘 웃지 않는다. 별것 아닌 이야기에도 박수를 치며 폭소를 터뜨리고 벌떡 일어나 기립박수를 치는 서양인과는 비교가 안 된다. 그러니 한국인을 웃긴다는 것은 쉬운 일이 아니다. 심지어 유머를 듣고도 씨익 웃는 것은 고사하고 무덤덤한 경우도 많다. 청중 자체가 유머를 잘 모른다. 그런 청중을 대상으로 스피커로서는 웃긴다고 한 말씀 했는데 청중의 반응이 썰렁하면 스피커는 당황한다. 더구나 말재주 없는 사람은 이런 경우 낙담할 수도 있다.

생각을 바꿔라. 당신은 당신 나름의 유머를 구사하면 된다. 청중이 안 웃으면 그건 청중의 잘못이요 수준 낮은 청중이다. 그렇게 생각하라. 잘 웃지 않는 청중을 대상으로 웃음에 목숨 걸지 마라. 유머에 매달리다 보면 억지 유머를 날리게 된다. 말도 되지 않는 내용으로 자신을 망가뜨리면서까지 웃음을 강요할 까닭은 전혀 없다. TV에서 개그맨이나 코미디언이 하듯 억지 유머를 구사하면 청중은 냉정히 돌아앉고 만다. 그리고 스피커를 저질로 볼 것이다. 유머란 유치하고 머저리 같은 짓으로 웃기는 게 아니다. 유연하게 머리를 굴려서 자연스러운 웃음(스마일)을 이끌어내는 것이다.

그러니까 당신은 당신의 요령에 따른 당신의 유머를 구사하면 된다. 설령 청중이 웃지 않아도 괜찮다. 꼭 '웃어야 한다'는 데 초점을 맞추니까 유머가 어려워진다. 청중들이 웃지 않더라도 내심으로 '재미있네' 정도의 반응만 있으면 된다. 그걸 어떻게 아냐고? 겉으로는 전혀 내색하지 않지만 그 증거를 발견할 수 있다. 청중이 당신의 말에 귀 기울이는 것을 보면 된다. 그 정도의 반응에 만족하라. 그러면 된다. 그것이 말재주 없는 당신만의 유머구사법이다. 아시겠는가?

"유머는 하고 싶은데 재주가 없는 당신. 일단 목표를 낮춰라.

그리고 당신의 방식으로 유머를 구사하면 된다.

웃고 안 웃는 것은 청중의 몫이다.

말재주 없는 사람의 유머방식은 따로 있다.

그것을 확신하자."

말재주 없는 사람의 유머법

내 방식 유머요령 10
- - - - - - - - - - - - - - -

말재주 없는 사람임에도 유머를 구사하고 싶다면 다음과 같이 하면 될 것이다. 다음의 요령 열 가지를 잘 활용하여 당신의 유머 스트레스를 해소하기 바란다.

(1) 목표를 하향 조정하라

앞에서도 여러 번 강조한 바 있다. 유머 콤플렉스를 벗어던져라. 청중을 박장대소하게 만들겠다는 욕심은 금물이다. 자신을 알아야한다. 일단 유머에 자신이 없으면 유머의 대한 욕심 – 목표를 낮게 잡아라. 그러면 마음이 훨씬 편해진다. 그러면 오히려 유머가 잘된다. 유머란 꼭 한바탕 웃음을 자아내야 하는 게 아니다. 그건 프로 연사들조차 이루기 힘든 꿈이요 소망이다.

만약 당신이 유머적 소질이 없는 사람이라면 목표를 낮게 잡아 사람들을 웃겨야 한다는 강박관념을 털어버리는 게 먼저다. 그리고 '내 나름대로 (웃기는 것이 아니라) 재미있게' 말하겠다는 정도의 소박한 목표를 세우는 게 좋다. 재미있게 말하는 것, 그것이 말재주 없는 사람이 구사해야 할 '내 방식 유머'다.

(2) 유머를 하지 말고 농담을 하라

유머를 못하겠거든 그냥 농담을 하라. 그러면 된다. 유머가 농담 아니냐고? 맞다. 영어의 해석은 농담으로도 나온다. 그러나 그 어휘가 주는 묘한 뉘앙스의 차이에 유념하자.

2002년 대통령 선거 때의 에피소드다. 노무현 후보가 유세를 하는 도중, 어떤 여성이 이마에 주름이 깊게 파인 노 후보에게 "TV에서 보던 것보다 주름이 적네요"라고 말했다. 그 말을 듣자 노무현 후보가 답한다.

"아침에 다리미로 좀 펴고 나왔습니다." (국민일보, 2003. 4. 3.)

이것이 농담이다.

농담과 유머의 차이가 뭐냐고? 사전적 의미의 유머는 '남을 웃기는 말이나 행동, 익살스러운 농담. 우스개, 해학'을 말한다. 그리고 농담은 '실없이 놀리거나 장난으로 하는 말'이다. 그러니까 유머가 좀 더 큰 의미가 된다고 할 수 있지만, 어감상 받아들이는 '유머'는 좀

내 방식 스피치

더 격식을 갖추고 은유와 멋스러움이 배어나옴에 비하여 농담이라면 별 부담이 없는 '실없는 장난'과 같은 느낌을 줄 것이다. 좀더 비교하여 구분하면, 유머를 못하는 사람도 농담은 할 수 있다. 아니 유머를 못하는 사람은 많아도 농담을 못하는 사람은 거의 없지 않던가.

말재주 없는 당신이 사람들과 대화를 나눌 때 유머는 제대로 못해도 농담은 많이 할 것이다. 바로 그거다. 스피치를 할 때 유머를 구사하겠다는 생각을 버리고 그냥 툭 던지는 실없는 소리, 말의 장난 - 농담을 하라는 말이다.

예컨대, 단상에서 청중을 바라보며, "너무들 잘생기셔서 탤런트들이 오신 줄 알았습니다"라고 하여 사람들의 웃음을 자아냈다면, 이건 유머라기보다 농담이다. 유머는 스토리나 의미가 있지만 농담은 뜬금없이 던지는 장난기 어린 말이기 때문이다.

그러니까 스피치를 할 때 유머에 자신이 없거든 그냥 농담을 하기를 권한다. 그러면 당신도 할 수 있다. 당연히 청중들은 당신을 '재미있는 사람'으로 받아들일 것이다. 아니, 유머구사를 하는 것으로 받아들인다. 그들은 꼼꼼하게 유머와 농담을 구분하지 않을 테니까 말이다.

단, 농담을 던질 때 유의할 것이 있다. 절대로 남을 비하하거나 비꼬거나 창피함이나 마음의 상처를 주는 것이어서는 안 된다는 점이다. 긍정의 농담, 덕담의 농담, 칭찬의 농담을 해야 한다.

(3) 과장하라

유머가 아닌 농담을 하려면 과장법이 제격이다. 앞에서 농담의 사례를 하나 들었지만 그것이 과장이었다. 농담의 특징은 과상이요 허풍이다. 과장법 농담을 하면 유머구사가 매우 쉬워진다. 당신의 말에 박수를 치는 청중을 향하여 "이렇게 수준 높으신 청중은 태어나서 처음 봅니다"라고 한다면, 과장으로써 청중의 웃음을 이끌어낼수 있을 것이다. 청중이 웃지 않더라도 적어도 유머를 할 줄 아는 사람으로 당신을 평가할 것이다.

"이렇게 아름다운 분들은 할리우드에 갔을 때도 못 봤습니다." 이런 식의 과장법을 사용하면 청중들은 안다. 과장이 심하니까 당연히 농담인 줄을. 그리고 빙그레 웃을 것이다. 그러면 분위기가 좋아질 것이요, 운이 좋다면 폭소도 터질 것이다.

(4) 칭찬하라

유머는 부정적이거나 상대방의 기분을 상하게 하는 것이어서는 안 된다고 앞에서 말했다. 유머가 유머다우려면 긍정형의 유머여야 한다. 남들에게 유쾌한 웃음을 선사하려면 사람들에 대해 애정과 존중심이 있어야 한다. 그 애정과 존중심을 표현하는 수단의 하나가 바로 칭찬이다. 말재주 없는 사람에게는 칭찬이 훌륭한 유머의 기법이 된다.

칭찬이 유머의 기법이 된다는 데 대하여 의아하게 생각할지 모르나 매우 유용한 좋은 방법이다. 유머는 원래 칭찬으로 상대방을 즐

겹게 하는 것이다.

칭찬이 유머가 되기 위해서는 단순한 칭찬, 사실적인 칭찬으로는 안 된다. 과장된 칭찬, 절묘한 칭찬, 남들이 발견하지 못한 장점에 대한 칭찬, 훌륭한 것과의 비교를 통한 칭찬 등을 하되, 농담의 분위기를 최대한 살려 기분 좋은 웃음을 유도하는 것이 요령이다.

유머에 자신이 없다면 억지로 우스갯소리를 만들려 애쓸 필요 없이 상황과 청중에 대한 예리한 관찰을 바탕으로 과감하게 칭찬을 던져보라. 칭찬의 대상과 소재는 무궁무진하다.

(5) 자뻑하라

남들에 대한 칭찬이 유머의 기법이 되듯이 자기 자신에 대한 칭찬, 즉 자기자랑도 유머가 된다. 그것이 '자뻑'이다. 자뻑이란 자기 자신에게 도취되어 정신을 못 차리는 것이다. 한마디로 지나친 자기 칭찬이요 자기자랑이다. 자기자랑이라면 속물스럽게 생각될지 모르나 과장된 자뻑은 사람들을 웃길 수 있다. 때로는 자신을 높이며 자기자랑을 섞어 하는 자뻑 유머도 필요하다. 다만 자뻑 유머를 할 때는 정말로 자기도취를 하는 게 아니라 장난기 서린 농담성 자뻑을 해야 밉지 않은 유머가 된다. 그게 기술이다.

자뻑으로 청중을 웃기는 대표적인 사람으로 트럼프 대통령을 꼽을 수 있다. 그는 자기자랑으로 사람을 웃긴다. 그는 "나는 똑똑하다I'm intelligent"는 말을 즐겨 사용한다. 그냥 똑똑한 게 아니라 "매우, 매우, 매우 똑똑하다" 강조함으로써 사람들을 웃긴다. "강한 에고ego

요, 병적인 자아도취"라고 남들이 비판하든지 말든지 말이다(정말로 똑똑하다면 그의 자랑을 듣고 사람들이 웃을까?).

강의를 하러 가서 '강사소개'를 받을 때다. 사회자가 장황하게 나의 경력을 소개한 후, "강사님을 큰 박수로 맞아주시기 바랍니다"라며 조금은 허풍스런 멘트를 날렸다. 나는 천천히 단상으로 가서 마이크를 잡았다. 그러고는 청중을 좌우로 휘둘러본 다음에 느긋한 어조로 이렇게 말했다(요즘도 가끔 그렇게 한다).

"지금까지 사회자께서 저에 대하여 여러 가지 많은 소개를 해주셨는데……" 이렇게 말하고는 약간 뜸을 들인(청중의 이목을 집중시키기 위해) 다음, 말을 이어갔다.

"모두, 사실입니다."

이것도 일종의 자뻑이다. 청중의 반응? 상상에 맡긴다.

(6) 셀프디스하라

자뻑이 사람을 웃기는 것은 어떤 면에서 보면 실소다. 자뻑, 곧 과장된 자기자랑은 자칫 잘못하면 청중의 반감을 살 수가 있다. 그래서 자뻑으로 사람을 웃길 때는 농담의 기분이 물씬 묻어나게 해야 한다. 그러나 유머의 위험성을 줄이고 청중의 호감을 사는 유머기법으로는 자뻑보다 셀프디스가 더 유익하다. 자기를 낮추어 사람을 웃기는 것이다. 이것은 유머를 잘 못하는 사람도 쉽게 구사할 수 있는 좋은 방법이다.

2015년 5월, 제43대 미국 대통령을 지낸 조지 W. 부시George W. Bush

전 대통령은 미국 텍사스 주 댈러스에 있는 남부감리교대학SMU의 봄학기 졸업식에 참석했다. 2,000여 명의 학생, 교수, 학부모들의 기립박수 속에 연단에 선 부시 전 대통령은 "높은 명예와 탁월한 성적으로 졸업하는 학생들에게 먼저 매우 잘했다고 말하고 싶다"고 축하의 말을 건넸다. 그러고는 "나처럼 C학점을 받은 사람도 대통령이 될 수 있다는 점을 알려주고 싶다"고 말해 폭소와 환호를 이끌어냈다.

이는 셀프디스와 더불어, 낮은 학점으로 인하여 졸업식이 성적우수자의 잔치처럼 느껴질 수 있는 학생들에게 용기를 불어넣은 명연설이요, 명유머다. 인생에서 영국의 처칠Winston Churchill 수상으로부터 많은 영감을 얻었다는 그는 "처칠처럼 나도 퇴임 후에 그림을 그리고 있는데, (그림 실력이 뛰어난) 처칠과 달리 내 그림은 서명이 없으면 그다지 가치 있는 것은 아니다"라고 말해 좌중을 또 웃겼다. 그러면서 여러분도 처칠처럼 영감을 주는 삶을 살라고 충고했다.(연합뉴스, 2015. 5. 18.)

어떤가? 부시 대통령의 익살맞은 표정까지 상상될 것이다. 이처럼 자신의 단점이나 결함, 치부를 솔직하게 드러내어 농담을 던지는 것이 셀프디스 유머인데, 이는 말재주 없는 사람이 구사할 수 있는 매우 유용한 기법이다. 그리고 단순히 셀프디스에 그치지 않고 교훈을 적절히 결합시킴으로써 유머와 더불어 명스피치가 되는 것이다.

자신의 결함이나 단점을 유머의 소재로 활용할 수 있다는 것은 자신감이요 여유다. 배짱 두둑함이다. 이에 대하여 조지아 대학의 커뮤니케이션학 교수 찰스 그루너Charles Gruner가 좋은 말을 했다.

"자신을 낮추는 유머는 강함과 자신감에서 비롯되며, 자신을 웃음거리로 만들어도 개의치 않겠다는 여유 있는 세계관의 반영이다."(나의 책『이기는 유머 끝내는 유머』에서.)

(7) 현장을 활용하라

스피치에서 유머를 구사하기 위해 많은 사람들이 책이나 인터넷을 통해 유머거리를 구한다. 그러나 그런 것으로 유머를 구사하기는 쉽지 않다. 막상 스피치를 하려고 할 때 생각이 떠오르지 않을 수도 있고, 또한 그런 것에서 얻는 유머를 제대로 구사하는 사람이라면 언변이 있는 사람이다. 오히려 말재주가 없을수록 현장에서 상황을 잘 이용하는 게 편리하다.

앞에서 버락 오바마 전 대통령이 퇴임을 앞두고 고별연설을 한 장면을 소개하였다. 연설에 앞서 오바마가 등장하자 청중들이 모두 기립박수를 치며 "오바마"를 연호했다. 오바마는 "생큐!"를 연발하며 그만 자리에 앉으라고 손짓하였다. 그런데도 청중들은 오히려 더 큰 소리로 환호하며 박수를 멈추지 않았다. 그로 인해 스피치가 지연됐다. 그러자 그 상황을 지켜본 오바마가 유머를 날린다.

"아무도 나의 지시를 따르지 않는 것을 보니 레임덕이 확실하군요."

기막힌 유머다. 물론 오바마는 스피치에 능한 말재주를 타고난 사람이다. 그러나 이렇게 현장에서 유머거리를 발견하여 활용하는 원리를 알고 있다면 말재주 없는 당신도 얼마든지 유머를 구사할 수 있을 것이다.

현장에서 유머를 찾는 요령은 간단하다. 뭔가 스피치 현장에서 유별난 상황이 발생하면 즉각 그것을 어떻게 농담으로 삼을 것인가를 생각하고 그대로 하면 된다. 그것이 현장 유머다.

(8) 자기 사례를 동원하라

자기 자신을 유머의 소재로 삼는 것으로 '자백'과 '셀프디스'를 말했다. 그것 말고도 자신을 소재로 하여 유머를 구사하는 방법이 있다. 즉 자신의 경험담이나 에피소드 중에서 황당했던 실수담을 끄집어내어 소개하는 것이다.

다만 이것에도 요령이 필요하다. 실수담을 말할 때 평범하게 스토리를 전개하면 아무도 웃지 않는다. 오히려 바보 같은 이미지만 남길지 모른다. 실수담을 이야기할 때는 스토리의 전개순서를 바꾸어 긴박감 있게 이끌어가는 게 요령이다.

(9) 다양한 유머거리를 구하라

요즘은 유머거리를 구하기가 매우 쉽다. 인터넷을 검색하면 그야말로 무궁무진한 유머가 나온다. 또한 남들과의 대화에서 누군가 좌중을 웃겼다면 그거야말로 매우 좋은 유머거리가 된다. 책이나 인터넷에서 구한 유머는 글로 되어 있어서 말하는 이가 어떤 어조로 어떻게 말해야 웃기는 유머가 될지 감이 잡히질 않는다. 말재주 좋은 사람들은 글로 된 유머로도 연기력을 발휘하여 유머구사를 잘하지만, 말재주 없는 사람은 글로 된 소재로 유머를 구사하기가 간단치 않다. 그러나 사람들과의 대화에서 박장대소를 이끌어낸 유머는 그것을 구사한 사람이 말투와 어순이 생생하기 때문에 그대로 재현할 수가 있다.

인터넷에서 구했든 또는 다른 사람이 구사한 유머든 당신이 충분히 재활용(?)할 수 있겠다고 생각되는 당신 스타일의 유머 소재를 발견하면, 즉시 구체적으로 메모하여 저장해두고 적절할 기회에 활용하면 된다.

(10) 금기사항을 지켜라

이상 유머구사법에 대하여 이야기했다. 마지막 열 번째는 유머구사에 있어서 꼭 지켜야 할 금기사항에 대한 것이다.

첫째는 유머를 말하기 전에 결코 먼저 웃지 말라는 것이다. 유머를 잘하지 못하는 사람들 중에 그런 사람들이 많다. 자기는 이미 어떤 우스운 말을 할지를 알기 때문에 말을 꺼내기도 전에 그만 '픽' 하고 웃어버린다. 그것이 바로 김을 빼는 것이다.

둘째는 유머를 하겠다고 예고하지 말라는 것이다. 이것은 웃음이 아니라 말로써 김을 빼는 행위다. 즉 "제가 웃기는 이야기 하나 하죠" "제가 재미있는 이야기를 해드리죠"라고 말하지 말라. 청중의 기대치가 높아지면 웃지 않는다. 유머란 의외성이 있어야 한다. 무슨 말을 하는가 싶다가 반전을 통하여 웃음을 자아내는 것이 유머다. 그런데 미리 예고를 해서 김을 뺀다? 그것은 웃지 말라고 재를 뿌리는 행위에 다름 아니다.

셋째, 유머를 구사할 때에 표정이 매우 중요하다. 이는 내가 수많은 실험(경험)을 통하여 확신을 갖고 있다. 청중은 스피커의 표성에 동화된다. 스피커가 웃으면 청중도 웃을 수 있는 마음의 준비를 갖추게 되고, 스피커가 심각한 표정을 지으면 절대로 사람을 웃기지 못한다. 그런 표정으로 말하면 청중의 마음에 유머가 비집고 들어갈 틈새가 없다. 따라서 유머를 말할 때는 그 이전에 느긋이 때로는 능글맞은 표정을 지어 청중의 마음을 열어놔야 한다. 또 그런 표정으로 말을 해야 말투가 유머말투, 농담말투로 바뀌어 자연스럽게 웃음을 이끌어낸다.

"당신의 유머방식을 찾아라.
꼭 웃긴다는 생각을 버리고
어떻게 하여 재미있게 말할 것인지 궁리해보자.
당신이 가장 잘할 수 있는 방식으로 유머를 구사하는 것,
그것이 '내 방식 유머'다."

유머는 말투다

말투를 바꿔야 유머가 된다

친구들과 대화를 나누는 상황을 상상해보자. 수많은 농담이 오갈 것이다. 때로는 기막힌 유머를 구사하는 친구도 있을 것이다. 유심히 관찰해보라. 그들의 말투가 어떤지를. 예외없이 농담이나 유머를 말할 때는 말투가 바뀐다. 농담말투, 유머말투는 분명히 따로 있다.

내가 스피치 화술의 모델로 삼는 사람 중의 한 사람이 서울 명성교회의 김삼환 목사님이다. 그래서 요즘도 틈나는 대로 TV를 통해 방영되는 그분의 설교를 유심히 듣곤 한다. 나의 관심사는 설교의 내용에 있지 않고 어떻게 말하는가에 집중된다. 장경동 목사님을 비롯하여 설교를 잘하는 목회자들이 여럿 있지만, 내가 그분을 모델

내 방식 스피치

로 꼽는 데는 이유가 있다. 점잖은 스피치를 구사하면서도 간간히 폭소를 자아내는 유머를 구사하기 때문이다. 당신도 틈을 내어 그의 설교를 꼭 보기를 권한다.

그가 설교를 하다가 유머를 구사할 때는 어김없이 어투가 바뀐다. 말투가 달라진다. 아마도 의식하고 그러지는 않을 것이다. 누구든지 농담을 하거나 우스갯소리를 할 때는 자연스럽게 그리 된다.

유머는 말투다. 유머구사에 있어서 가장 중요한 요소를 꼽으라면 나는 말투를 꼽는다. 예컨대 "밥 먹었니?"라는 지극히 평범한 말도 개그맨 심형래 씨의 '영구말투'로 하면 사람을 웃길 수 있고, 유머가 될 수 있다. 영구든 맹구든 그들이 바보스러운 것은 목소리 때문이 아니라 말투 때문이다. 그만큼 말투는 유머구사의 핵심이다. 프로이트Sigmund Freud가 말했다. "웃음은 내용보다 말하는 사람의 태도에 좌우된다"고. 여기서 말하는 태도란 말의 내용을 제외한 모든 것을 말한다. 즉, 표정, 제스처, 어조, 말투 등.

유머형 말투란 발성이나 발언에 유머러스한 분위기가 묻어나는 방식인데,

웃는 얼굴로,

농담을 말하는 기분으로,

너스레 떨듯,

능청스럽게,

장난기를 띠고,

악의 없는 허풍과 약간의 과장을 하며,

흉내어법 등을 사용하는 것이다(흉내어법이란 그 말을 한 사람의 어조와 말투를 그대로 흉내내며 말하는 것이다).

당신이 유머구사에 실패하는 이유의 하나는 말투가 심각하기 때문이다. 무미건조하기 때문이다. 너무 정직(?)하기 때문이다. 말투를 바꿔야 한다. 예컨대 친구끼리 이야기를 나눌 때, "죽여버릴거야"라고 말했다고 치자. 그 말을 어떤 말투로 하느냐에 따라 농담이 될 수도 있고, 정말로 살의를 나타내는 말이 될 수도 있다. 바로 그거다. 농담이 되는 말투를 구사해야 한다. 못하겠다고? 하면 할 수 있다. 당신 나름의 말투를 찾아라. 어차피 '내 방식 스피치'니까 말이다.

"너스레를 떨라. 능청맞게 말하라.
친구들과 농담을 할 때 바로 그런 말투로 스피치하라.
스피치를 시종일관 그렇게 하면 유치해진다.
유머나 재미있는 스토리를 말할 때는 역시 유머말투,
재미있는 말투로 해야 한다.
말투를 바꾸는 것,
그게 바로 연기력이다."

내 방식 스피치

재주가 없으면 모방하라

유머를 벤치마킹하라

유머는 모방이다. 유머를 창조한다는 것은 말재주 없는 사람에게 지나친 기대다. 그렇기에 어떤 자리에서 기막힌 유머를 보면 그것을 수첩에 적어 관리하라는 것이다. 그런 유머재료를 많이 가지고 있으면 알게 모르게 내공이 축적되어 비슷한 상황에서 요긴하게 유머를 구사할 수 있다.

서울의 호텔에서 친지의 아들 결혼식이 있었다. 주례는 신랑의 대학시절 은사라고 했다. 신랑·신부의 입장에 이어서 혼인서약이 있고, 곧 성혼이 선언되었다. 이어서 주례사다. 그런데 주례가 별로 말주변이 없는 듯했다. 말이란 척 보면, 아니 척 들어보면 아니까.

걸쭉한 목소리에 조금은 더듬는 듯한 주례사가 2~3분쯤 이어졌을 때다. 어디선가 요란한 휴대전화 벨소리가 울렸다. 눈치 빠른 사람들은 벌써 폭소를 터뜨리고 있었다. 다름 아닌, 주례 쪽에서 들리는 소리임을 알아차린 것이다. 가장 당황한 사람은 당연히 주례다. 그는 주례사를 하다 말고 허겁지겁 바지 주머니에서 전화기를 꺼냈다. 그 사이에도 벨은 계속 울렸고, 하객의 웃음소리는 더 커지고 있었다. 그 모습을 바로 코앞에서 보고 있는 신랑과 신부는 오죽하랴. 쿡쿡쿡! 웃음을 참느라 인상이 구겨졌다. 참 황당한 상황이다. 속으로 '뭐 저런 주례가 있나?'라고 생각한 사람도 많을 것이다. 더구나 그는 나이 든 사람답게 전화기 벨소리를 끄는 데 익숙하지 못했다. 당황했기에 더욱 그랬으리라. 어쨌거나 벨소리를 죽인 그가 바지의 주머니 속으로 전화기를 집어넣었다. 다시 주례사를 할 차례다. 한바탕 소란이 사라지고 있을 때, 그는 이렇게 너스레를 떨며 상황을 정리했다.

"미안합니다. 아내에게서 온 전화인데요. 주례사를 제발 짧게 하라는 신호입니다."

푸하하하하. 결혼식장이 폭소로 뒤집어진 것은 말할 것도 없다. 중요한 것은 그 말 한마디로 지금까지 주례에게 갖고 있던 선입견과 '뭐 저런 사람이 있나?' 싶던 모든 감정이 사라졌다는 사실이다. 주례의 재치와 능력에 오히려 감탄했다. 이렇게 되자, 상황은 더 흥미롭게 전개됐다. 그 다음부터는 주례가 또 무슨 말로 웃길지 축하객들

내 방식 스피치

의 관심과 호기심이 집중되기 시작한 것이다. 그리고 그가 버벅거릴수록 웃음을 터뜨렸다. 웃음보가 터진 것이다. 뿐만 아니라, 청중을 크게 웃겨버린 그는 그때부터 자신감이 살아나 술술 놀라운 언변을 구사하고 있었다(분위기가 잡히면 원래 스피치가 잘 풀리기 마련이다).

모방으로 유머하라

그런데 사실은 그가 위기를 역전시킨 그 유머법은 그의 창작이 아니다. 원래 전문적으로 강의를 하는 사람들 사이에서는 아차 실수로 강의 중에 휴대폰 신호음이 울리면, 그렇게 말하여 위기를 벗어나는 것이 모범답안처럼 되어 있기 때문이다.

"강의를 잘하라고 아내가 전화를 했군요"라고 말이다.

그는 대학교수로서 강의 중에 전화 신호음이 들려올 때는 그렇게 대응한다는 원리(?)를 이미 알고 있었을 것이다. 결혼식 바로 그 장소에서 처음으로 창안해낸 유머는 아니라는 말이다. 이처럼 유머는 모방으로부터 나온다. 남들로부터 배우고 책에 나온 것을 모방하여 적재적소에 활용하는 것이다. 세상에 '최초'가 과연 몇이나 있을까? 이 책을 읽어 이런 유머코드를 알게 된 당신이 어디선가 비슷한 상황에 직면한다면 위의 사례를 모방하고 상황에 맞춰 말할 것 아니겠는가? 그래서 유머를 구사하고 싶으면, 많은 유머 사례를 알아야 한다. 그래서 유머를 구사하려는 사람들이 유머를 모으고 관리하는 것이다.

"당신 나름의 '내 방식 유머'를 구사하고 싶은가?

그러나 '내 방식'이라 하여 기상천외한 엉뚱한 방식이 아니다.

그런 방식이 있을 수 없다.

유머의 기법은 일정한 형식을 가지고 있다.

그 형식을 모방하여 당신 나름의 길을 찾아라."

● 이런 모방 유머 ●

어느 날, 호텔의 조찬모임에 갔더니 식사 직후에 대학교수라는 사람의 강연이 이어졌다. 그가 단상에 나가 느릿한 어조로 강의를 시작하였다.

"오늘 이 강의를 하러 집을 나서는데 아내가 걱정스런 얼굴로 말하더군요. '당신이 강의를 얼마나 못하는지는 내가 잘 아는데, 참 걱정이네요. (폭소.) 그렇다고 기죽지는 마세요. 실력 있는 척, 많이 아는 척도 말고, 잘하려고 오버하지도 말고요. 그냥 생긴 대로 하세요'라고 말입니다. 이 강단에 딱 서서 여러분을 보니 아내의 얼굴이 어른거립니다. 그냥 생긴 대로 하겠습니다. (폭소와 박수.)"

그런데 도니 탬블린의 책 『HaHaHa! 유머교수법』을 보면 뉴욕 시장이던 마리오 쿠오모Mario Cuomo가 뉴욕의 언론인 모임에서 연설하는 장면에 이런 내용이 나온다.

"오늘 집을 나서는데, 마누라가 제게 이런 말을 하더군요. '오늘 강연 주제도 어렵고 강연을 듣는 사람들도 만만치 않지만, 그래도 기죽지 마세요. 일부러 멋지고 재치 있고 명석하게 보이려고 애쓰지 말아요. 그냥 있는 대로 하세요." (도니 탬블린 지음, 『HaHaHa! 유머교수법LAUGH AND LEARN』, 윤영삼 역, 다산북스, 2006, 169쪽.)

어떤가? 똑같지 않은가? 이렇듯 유머는 모방이다. (나의 책 『이기는 유머 끝내는 유머에서』.)

유머 없이 재미있게 말하는 법

재주가 없으면 재치로

스피치에 있어서 유머구사는 중요하다. 그러나 아무리 중요하더라도 안 되는 사람은 안 된다. 안 되는 유머에 집착하다 보면 괜한 스트레스에 시달리고, 자칫하면 유머 때문에 스피치 공포를 더 크게 앓는다.

아무리 해도 유머에 자신이 없다면 다른 길을 선택하는 게 맞다. 여기서 한 가지 근본적인 질문을 던지자. 왜 유머를 하려고 하는가? 사람을 웃기기 위해서인가? 아니다. 스피치에 있어서 유머를 구사하려는 이유는 웃기려고 하는 것이 아니라, 청중의 호감을 사려고 하는 것이다. 그것이 첫 번째 이유다. 두 번째 이유는 이왕이면 재미있게 말함으로써 청중으로 하여금 그 스피치에 주의를 집중시키고자 하는 것이다. 그리고 세 번째는 스피치의 내용을 청중으로 하여금 오래 기억하도록 하는 것이다.

이렇게 유머구사의 목적을 이해하고 나면 꼭 웃기는 이야기가 아니더라도 그런 효과를 낼 수 있는 스피치 방법은 없을까 생각하게 된다. 따라서 유머구사에 정말로 자신이 없는 사람이라면, 다른 방법을 통하여 유머구사의 목적을 달성하면 된다. 즉 청중의 흥미와 주의를 끄는 방법을 동원하라는 말이다. 재미있으면 된다는 말이다. 자, 사례로 설명하겠다.

재주가 없으면 아이디어로

명예퇴직을 하게 된 후배가 자신의 퇴임식에 와서 축사를 해달라고 했다. 사실 축사라고는 하지만 퇴임식의 분위기는 우울한 게 사실이다. 어쩌면 축사가 아니라 위로사가 돼야 할지 모른다. 사회자는 억지로 침울한 분위기를 털어내려 애썼고, 다른 참석자들도 축사라는 이름으로 마음에도 없는 '퇴직 찬미'를 하고 있었다. 그러나 아무리 퇴직을 찬미해도 "퇴직을 축하한다"는 말이 공허하게 다가왔다. 축사든 격려사든 또는 인사말이든 그런 자리에서의 스피치란 대개 판에 박힌 것이다. "축하한다" "그동안 고생 많았다" "이제 푹 쉬시라" "내조한 아내를 비롯하여 가족들에게 잘 해줘라" 등등 뻔하다.

내 방식 스피치

그러나 나는 좀더 의미 있는 말을 해주고 싶었다. 퇴직 당사자뿐만 아니라 그곳에 자리를 함께하고 있는 사람들에게까지 마음에 담을 만한 이야기로 말이다. 특히 그 자리를 벗어나면 스피치의 내용은 거의 기억에서 사라지고 스피치를 한 '사람'에 대한 인상만 남는다는 점에 유의하여 가급적 내용이 오랫동안 기억될 수 있도록 다듬었다. 그래서 생각해낸 것이 '1·2·3·4·5법'에 의한 5계명 스피치였다. 스피치는 대충 이렇게 이어졌다. (들어가는 인사말과 설명은 생략하고 그날에 내가 행한 스피치의 요점만 소개한다.)

"첫째, 일 : 일자리는 없어도 일거리는 만드세요.

여건만 된다면 퇴직 이후의 노후는 일하지 않고 즐기며 사는 것도 좋은 방법입니다. 그러나 설령 경제적으로는 노후준비가 됐다 하더라도 '일거리'는 반드시 있어야 합니다.

둘째, 이 : 이쁘게 행동하세요.

나이 들수록 행동거지가 깔끔해야 합니다. 젊은이보다 매너를 더 지킬 수 있어야 합니다. 그만큼 세상을 더 살았으니까요. 뿐만 아니라 배우자를 위해서도 상대를 아끼고 배려하는 '이쁜 짓'을 해야 합니다(표준어는 '예쁜 짓'이다). 그래야 노후가 매력 있고 편안합니다.

셋째, 삼 : 3명의 친구를 확보하세요.

몇 명의 친구가 적절한지에 대하여는 사람마다 다릅니다. 다다익선이라는 사람도 있고, 20명쯤은 돼야 한다는 사람도 있지만, 제가 강조하는 것은 '3명 정도'입니다. 노후의 좋은 친구는 그 정도만 돼도 족합니다.

넷째, 사 : 사랑하세요.

이제 직장을 떠난 노후에는 인생을 관조하며 달관한 듯 사랑하고 또 사랑할 수 있어야 합니다. 자신을 사랑하고, 일을 사랑하고, 세상을 사랑하며, 주위사람들을 사랑할 수 있어야 나이 든 멋을 아는 멋진 사람이 됩니다. 늙어서도 악다구니 쓰는 사람은 흉물입니다.

다섯째, 오 : 오늘, 행복하세요.

내일 행복하기 위해 오늘을 희생하지 마세요. 나이가 들면 내일을 기약할 수 없습니다. 그러므로 '오늘' 행복할 수 있도록 최선을 다해야 합니다." (나의 책 『노후는 없다』에서.)

대충 이런 내용이었다. 여기에 유머는 없다. 그러나 재치와 아이디어가 있지 않은가? 그렇기에 청중들은 흥미진진하게 들었고, 잔잔한 미소가 흘렀다. 그 재치가 흥미를 이끌었기 때문이리라. 스피치가 끝난 후에 그 스피치의 원고를 구할 수 없냐는 요구가 있었던 걸로 봐서 성공한 스피치라고 말하고 싶다.

정녕 당신이 유머를 구사할 수 없다면 유머를 안 해도 된다. 유머 있는 스피치가 좋을 수는 있지만, 반드시 좋은 것도 아니며, 유머가 없다고 스피치가 잘못되는 것도 아니다. 중요한 것은 청중의 흥미를 유도하는 것이요, 흥미를 유도하는 방법은 유머 말고도 많다. 그 방법을 찾아 당신다운 스피치를 하면 된다. 재미있고 흥미진진하게 말이다.

"유머, 아무쪼록 당신 특유의 방법을 찾아라.

꼭 웃겨야 유머가 되는 것은 아니다.

웃길 수 없다면 재미있는 내용으로 말하면 된다.

그것이 바로 재주 대신 재치로 스피치하는

'내 방식 유머' 구사법이다."

말재주 없는 사람의 유머 구사법

에필
로그

당신 나름의 스피치 세계를 구축하라
'내 방식 스피치'라는 이름으로

지금까지 말재주 없는 사람이 자신의 스타일에 맞게 스피치를 잘할 수 있는 방법을 '내 방식 스피치'라는 이름으로 다루었습니다. 최소한 이 정도만 하면 청중을 휘어잡는 명스피치까지는 아닐지라도 청중의 호감을 사는 '좋은 스피치'는 충분히 가능할 것이라는 확신에서 여러 방법을 제시한 것입니다. 물론, 타고난 말재주가 있는 사람이라고 해서 이 방법에서 제외되는 것은 아닙니다.

이제 남은 일은 이 요령들을 당신의 것으로 만드는 일입니다. 이것마저도 '내 방식'으로 승화시키지 못한다면 좋은 스피커가 되는 일은 포기하는 게 나을 것이라 생각합니다. 문제는 실행입니다.

가끔 저에게 묻는 사람이 있습니다. "글을 잘 쓰는 방법이 뭐냐?"고. 그러면 저는 "인터넷에 '글 잘 쓰는 법'을 검색해보라고 답변을 미룹니다. 일반적으로 잘 알려진 사실이지만 글재주가 없는 사람이 글재주를 키우는 가장 좋은 방법으로 권장되는 것이 '필사'입니다. 자신이 선호하거나 닮고 싶은 문장체의 좋은 글을 선택하여 그것을 그대로 베껴 써보는 것입니다. 이때 컴퓨터로 옮겨 쓰면 안 되고 반드시 종이에 손글씨로 직접 써야 합니다. 그만큼 진지한 노력이 필요합니다.

말을 잘하는 것도 마찬가지입니다. 처음에는 스피치 고수들의 방법을 진지하게 따라해보는 것입니다. 그들이 실제로 하고 있는 방법들을 그대로 해보는 것입니다. 필사를 하듯이 말입니다.

어떻습니까? 요령과 해법은 이렇듯 분명합니다. 그런데 문제는 그 분명한 요령을 실제로 행동으로 옮기는 사람이 매우 적다는 사실입니다.

말재주든 글재주든 그것을 향상시키는 방법은 간단명료합니다. 이치는 분명합니다. 그런데 실제에 있어서 많은 이들이 책 한두 권을 읽어서 탁월한 재주를 키우려고 합니다. 쉽게 꿈을 이루려 합니다. 그게 과연 될 일이라고 생각합니까? 아니, 쉽게 가능하다고 믿는 사람은 없으면서도 행동은 그렇게 합니다.

제발이지 일생에 한 번 정도는 말재주를 키우기 위한 노력을 기울여봐야 합니다. 이건 확실히 경쟁력이 됩니다. 그 경쟁력을 키우려면 좋은 스피커가 되기 위한 몇 가지의 요령과 기법을 단호히 실행으로 옮겨야 합니다. 부뚜막의 소금도 넣어야 짜며, 구슬이 서 말이라도 꿰어야 보배가 됩니다. 글재주를 키우기 위해 필사筆寫를 하듯이 말재주를 키우기 위한 필사적筆寫的 노력을 필사적必死的으로 해보기를 권합니다. 그렇지 않고 어떻게 스피치를 잘해보고 싶은 꿈을 이룰 수 있겠습니까.

　아무쪼록 이 책을 통하여 당신 나름의 스피치 세계를 구축하기를 바랍니다. 말재주가 없다고 한탄할 것이 아니라, 다른 재주를 보완하여 당신의 스타일에 맞는 특유의 말재주를 만들어보기를 권합니다. 이름하여 '내 방식 스피치'로 말입니다.